Historias
de
Mortuorio

"Este libro ha sido escrito de manera espontánea, tal como fluían las ideas, sin ser escrito por "un negro", ni maquetado, ni pasado por un revisor ortográfico. De forma que todos los errores que se puedan hallar en él, deberán quedar supeditados a la frescura de la escritura".

Prefacio

El mortuorio es aquel lugar destinado a hacer los preparativos y exponer el cadáver del fallecido, donde será honrado por sus deudos y amigos. Sin saber muy bien por qué, en algún momento de nuestra cultura, algún iluminado decidió que era muy tétrico decir **mortuorio** y que había que cambiar la palabra, para atenuar la situación del trámite. Por eso seguramente se le ocurrió que lo mejor era emplear la palabra **tanatorio.** Seguramente pensaría, la mayoría de las personas que van a los funerales son unos ignorantes y no se van a enterar que, **thanatos** significa muerte. Por lo tanto **tanatorio** es lo mismo que **mortuorio**, pero vamos que no suena igual, aunque signifique exactamente lo mismo.

Quizá ese concepto de evitar todo aquello que tenga que ver con la palabra **muerte**, viene derivado de tratar de rehuir a algo que es inexorable, ya que significa el fin de nuestro ciclo biológico. Y por mucho que se evite hablar de ello, no va a cambiar para nada. Por lo tanto esa actitud timorata de evitar todo lo que rodea ese entorno, debemos asumirlo como algo natural, aunque nunca se está preparado para ello. Es algo que ha traído de cabeza al ser humano desde los orígenes más remotos de la humanidad, intentar luchar para buscar la inmortalidad, siendo su manifestación más reciente la criogenización. Cosa que hasta el día de hoy después de pasados más de 50 años desde su inicio, no se ha podido revivir a nadie. Pero si lo pensamos bien, hay que plantearse, qué sentido tendría revivir en otro tiempo, en que todo aquello que conocimos ha desaparecido y que lo presente, nos costaría muchísimo adaptarnos. Por lo tanto de momento hasta que no lleguen nuevas técnicas, debemos asumir que cuando estemos prostrados delante del difunto en el **mortuorio**, nos servirá por lo menos para reflexionar el sentido de la vida, ya que al fin vamos todos para el hoyo.

Admitir el fin del ciclo biológico

Algo con lo cual el ser humano ha venido luchando desde el origen de la humanidad es, tratar de sortear la muerte. Pues por mucho que diga que sabe que va a morir, no lo asume realmente, salvo los suicidas, que deciden el momento de poner punto final.

En el fondo se niega a reconocer que va a dejar de existir, como cualquier otro ser vivo. Quizá porque le cuesta reconocer que aunque ocupe la cumbre de la escala zoológica, su fin va a ser exactamente igual que el de cualquier ser vivo.

Y prueba de ello es, que hay gente a la cual le preocupa, que se llegue a saber cosas de su vida disoluta, después de muerto. Como si fuese a rendir cuentas de lo que hizo o dejó de hacer, una vez que está ya en el hoyo. Y un ejemplo muy palpable es, cuando le preguntan si le preocupa que los suyos vayan a pasar necesidades, después de muerto. La inmensa mayoría te dirá que sí, aunque se digan ateos. Prueba irrefutable, de que no asumen que dejarán de existir.

Por eso en su etapa más primitiva de la fase evolutiva, el ser humano sintió la necesidad de aferrarse a algo, ante sus temores de la naturaleza. Depositando su confianza en una piedra o un trozo de madera, al cual le fue atribuyendo la condición de deidad, con el paso del tiempo. Al sentir la necesidad de protección.

Empero, aun así sus temores a la muerte, esto es, que definitivamente va a dejar de existir, perduran a pesar de sus creencias religiosas. Quizá por miedo a lo desconocido. También es posible que sea porque se niega a reconocer que va a acabar exactamente igual que un simple gusano.

Pero lo inexorable es, por lo menos a día de hoy, que nadie se escapará cuando la Sra. Guadaña nos venga a buscar.

O sea, que por mucho que se diga que se imagina lo que es, no es cierto, nadie se imagina realmente lo que es, ni está preparado para afrontar la situación. De ahí que se den esos estados de sorpresa cuando alguien muere de repente, como si por un acaso la gente muriese a plazos. Lo que corrobora que en el fondo nadie asume que pueda dejar de existir de la noche a la mañana.

El entierro de Restituto

Ernesto acude un día más, como de costumbre a su trabajo que es, empleado del mortuorio de su ciudad. La rutina de los años, le ha hecho perder ese aspecto lúgubre de su oficio. Al fin a todo se acostumbra uno en la vida, por muy crudo que pueda resultar.

Su amigo Rufino, que es tanatopractor, es el encargado previo de acondicionar al muerto, antes de que pase al mortuorio. La costumbre de los años, le ha dotado de una gran experiencia, en hacer presentable al difunto a los ojos de los demás.

El día empieza temprano, pronto aparece un coche "del último viaje", que trae "al fiambre". Y Rufino, es el encargado de dar el visto bueno, si puede, pasar directamente al mortuorio o por el contrario es necesario que pase antes, por el "taller de reparaciones". El primer encargo del día, tiene que pasar por la reparación pertinente. Rufino con la ayuda de Celedonio, sacan el cadáver del ataúd, que posan sobre la mesa de mármol.

-Lo primero de todo hay que darle un buen baño. -dice Rufino.

-Sí, porque por el pestazo que suelta, parece que no era muy amigo del agua. -dice Celedonio.

Entre los dos acondicionan la bañera redonda del mortuorio, echándole sales de baño, para asear al difunto. Con gran destreza, sumergen parcialmente al susodicho, que a pesar de su rigidez mortis, eso no es inconveniente para que ambos, muestren gran destreza, mientras le van aseando.

Acto seguido, hay que vestirlo, empezando por la ropa interior. Con las prendas que ha aportado la familia, que como es Invierno, seguro que para que no pase frío le han traído una camiseta de manga larga y calzas. Ya que al estar entrado en años, pues el finado tiene 96 años, se conoce que el hombre vestía con ropa interior de los "tiempos de María Castaña".

Bueno ya está preparado, con su pelo blanco nevado todo engominado brillante. Lleva paletó, con su chaquetilla y pantalones. Como no podía faltar detalle, lleva en el bolsillo de arriba su pañuelo doblado en forma de pico y su reloj de cadena de bolsillo. Será por aquello de si quiere en el inframundo, consultar la hora o sonarse los mocos. Rufino y Celedonio, le acomodan en su lujoso ataúd, ya que al ser de posibles el difunto, la familia no ha escatimado detalles. Está acolchado, por aquello de que no le vaya a resultar incómodo al muerto la estáncia, además de tener luz, que supongo que la llevará porque ahí dentro de la sepultura se está muy a oscuras.

Transportan el ataúd en el carrito camilla de ruedas hasta el lugar de velatorio, no sin tropezar con una baldosa en su recorrido, saliendo impelido el ataúd hacia el suelo. Rufino y Celedonio tratan de hacerse con la situación, tratando de reinstalar el ataúd encima del carrito. Que al observarse una mano asomando por el lateral, con motivo de la caída, da la sensación como si el difunto hubiera intentado correr la tapa, para salir.

Por fin consiguen acomodar el ataúd en su sitio, para ser velado por familiares y conocidos. Cubierto medio ataúd destapado, con una bandera de España, le da una sensación de solemnidad. Al fin, dan por finalizado su cometido ambos. Observándose que hay un montón de coronas de flores con sus tradicionales bandas, "tu familia no te olvida", "pronto fuiste hacer compañía a Dios", "al amparo de los justos partiste"; etc.

Se oye mascullar palabras a una señora cubierta por un tupido velo…

-Restituto, bien que te avisé muchas veces que tu afición al morapio te traería graves consecuencias. -dice Gertrudis- Pero no me hacías caso, diciéndome que con el comer, el beber y el follar se resume la vida.

Todo sea dicho, que el follar, ya hacía mucho que no se te ponía tiesa. Para descanso mío, ya que de joven fuiste un bribón, verraco muy impetuoso, que querías todos los días meterla.

Con el paso del tiempo, se van acercando otros familiares para despedirse del finado. Reproduciéndose escenas tragicómicas, como la de una prima del pueblo, que en un ataque de histerismo empieza a gritar… ¡Restituto! Que pronto nos dejaste huérfanos. Otras personas, al acercarse para ver al difunto, parecen como querer "rasgarse las vestiduras". Haciendo aspavientos, como si les fuese la vida en ello. Llegando a parecer que están haciendo una teatralización.

Atraído por las expresiones, se acerca un individuo, para comprobar la edad del difunto, al haber oído alguien decir, que pronto te fuiste. Corre la tapa, dándose con la cara del finado. Y suelta de manera espontánea…

-¿Éste es el que dicen que pronto se ha ído? -dice el individuo- ¡Pero si es más viejo que Matusalén, hasta parece una momia!

Va transcurriendo el tiempo y cada vez se arremolinan más parientes y conocidos del difunto. Llegando un momento que entre tanto gentío y coronas de flores, desaparece de la vista el ataúd. El murmullo va en aumento y no tardan en empezar a aflorar algunos chistes. Cosa que resulta curiosa, que justamente en momentos que se considera que son de recogimiento y dolor, saltan tales manifestaciones jocosas. Quizá es un relejo inconsciente del ser humano, de mantener bien alejada a "La Parca".

Se llega hasta a oír el retumbar de alguno de los presentes, batiendo su puño contra el pecho, en una escenificación más grandiosa de demostración de su dolor, a los demás. Algunos se empiezan a impacientar por la demora en meter "al fiambre" en el coche "del último viaje". Pues ya ha transcurrido un buen rato desde que llegaron y la verdad es, que están "hasta el coño".

Se oyen algunos suspiros, entre los que se entremezclan palabras como, "por fin" creía que no iba a llegar nunca este momento. O sea como queriendo decir, menos mal que se acaba este soponcio, al fin "el vivo al bollo y el muerto al hoyo" que es ley de vida.

Casi se pelean por asirse al ataúd, para ayudar a introducirlo en el coche "del último viaje", no vaya a ser que no queden muestras de evidencia, de aquí estoy yo. Y al momento de cerrar el portón del vehículo se oyen algunos aspavientos, ¡Restituto! ¡Restituto!, no te vayas. Gritos de alguna enlutada desgarradores, que hacen helar la sangre, en semejante espectáculo de esa pantomima.

Arranca el coche "del último viaje" y se dirigen al cementerio donde el finado, después de una dilatada vida, descansará RIP.

El empalmado

Charito era una apuesta mujer, bastante más joven que su difunto marido. Que llamaba la atención cuando iba por la calle, debido a su voluptuosidad. Pero la crueldad del destino, la tiene allí postrada delante de su difunto esposo, en el mortuorio. Pero es ley de vida y la diferencia de edad tiene sus consecuencias. Mientras hicieron vida marital años antes, Gustavo trataba de cumplir como buen garañón, a los requerimientos de su joven esposa. Pues la naturaleza reclamaba unas atenciones, que eran difíciles de cumplir. Pero claro no era lo mismo cuando se conocieron, él 60 y ella 40 años. Él se sentía pletórico capaz de atender a su esposa en todos los requerimientos, no solo en los económicos. Pero ya se sabe... "el amor no tiene edad". Y la verdad es, que la frase tan socorrida…"estoy mejor que uno de 18 años", no se la cree nadie, salvo el iluso que la pronuncia. Por eso, muchas veces, cuando tenía que cumplir, tenía que tomarse la pastilla azul.

En esos momentos de recogimiento, sola como está, su esposa, repasa como había sido su vida hasta ahora. Donde ahora está, como dialogando con su difunto marido.

Gustavo, ahora que estamos solos, aquí frente a frente, he de confesarte que te fui infiel. Y como no quiero que te marches de este mundo sin saberlo, te lo cuento. Puesto que sino el remordimiento me corroería.

Ya que no consentiría que no lo supieses yéndote de este mundo, engañado. Pues no me lo perdonaría de por vida. Pero también has de ser comprensivo y entender, que debido a nuestra diferencia de edad, aunque tú te esforzabas por satisfacerme no dabas la talla. Siendo además yo una mujer muy ardiente. Por eso me veía en la necesidad de vez en cuando, buscarme la vida por fuera.

Qué curiosa es la vida, que todos los proyectos que teníamos juntos Gustavo han naufragado. Habíamos comprado el piso, teníamos una hipoteca para años, que como es obvio iba a acabar de pagarla yo; tú jubilado y yo tenía trabajo fijo; habíamos hecho muchos proyectos; pensábamos en hasta tener un hijo y ya ves, ahora estás ahí pálido en el ataúd, tieso como un palo.

Y ahora, ¿qué será de mi vida?, Gustavo. Aún me acuerdo con nostalgia, los primeros años de matrimonio, como te ponías celoso cuando los hombres me miraban mí voluptuoso culo. Me gustaba sentirme deseada por ti, ya que sabía que dentro del pantalón, se te alborotaba "el pajarito". O eso suponía al menos, pues entradito en años ya estabas. Presuponía que sería la antesala de una noche fogosa, donde nuestros cuerpos darían rienda suelta. Tengo que reconocer que me angustiaba verte los esfuerzos que hacías para poner la polla en ristre, deseando montarme con todas tus fuerzas. Y aunque tomabas la pastilla azul, nada. Pero nada de nada, chupadita va, chupadita viene, aquello costaba muchísimo levantarlo y después de mucho esfuerzo algo se conseguía enderezar. Ocasión que aprovechabas para enchufarla, pues era entrar y parecías haber tomado el elixir de la eterna juventud, pues revivía, que parecías comportarte imitando a un mozalbete. Hay que tiempos aquellos, han quedado en la lontananza.

Y fíjate ahora muerto, ya no podré disfrutar de esos lengüetazos que me dabas. Pues ya hace años que aquello se te había mustiado y tu lengua pasó a ser tu pene para mí. Menos mal que mí amante al que tan generosamente le dotó la madre naturaleza, hacía el resto. Pues sino, no sería capaz de seguir junto a ti. Y como dice el refrán, sería un pecado, que "se comieran los gusanos lo que podíamos haber disfrutado los humanos". Al fin, yo fui discreta y tú no te enteraste de nada y disfrutabas creyéndote que saciabas a una mujer más joven que tú. Eso es lo que pasa con la edad, que uno al llegar a determinados años, ya no discierne muy bien lo que pasa a su alrededor.

Desconsolada y huérfana me dejas pues ahora ni lengüetazos ni nada, por lo cual tendré que recurrir a mis tiempos adolescentes, en los que las manualidades eran recurso diario para calmar "al pepe". Pues a pesar de mis 66 años, aún sigo siendo una mujer fogosa, que tiene sus necesidades, pero claro, los que puedo encontrar que podrían cumplir mis necesidades, la mayoría padecen de "gatillazo". Oh maldito lastre, la edad.

Persignándose delante del difunto esposo, abandona su postura de genuflexión, posando su mano sobre el ataúd, soltando un grito desgarrador, ayyy… ¡Gustavo, cuanto te voy a echar de menos!

 Llegan los transportistas de "el último viaje", para recoger el ataúd y trasladarlo al cementerio.

Arremolinados los presentes, que parecen que se van a merendar al muerto, observan como el enterrador hace palanca para desplazar la pesada losa. Todos miran con mucha curiosidad, para ver qué se observa dentro de la tumba, ya que hace más de 100 años que nadie era enterrado en ella. Allí yacen los tatarabuelos de Gustavo. Llevándose una gran decepción los presentes, cuando se acaba de remover la losa.

El enterrador, vista la expectante atención de los presentes, suelta una expresión jocosa… ¿Qué creíais, que ibais a ver las calaveras? Pues no, por si no lo sabéis, con cada ataúd que se entierra, se cubre con una capa de arena.

Acabada la decepcionante expectación, se deposita la urna de porcelana en la sepultura, ya que son otros tiempos y Gustavo ha sido incinerado. Entre el murmullo se oye a alguien decir… "Del polvo fuiste hecho y en polvo te convertirás". Oyéndose entre los presentes, alguien decir, que gran verdad han dicho. Puesto que en los entierros, siempre sale alguna expresión de humor, hasta se llegan a contar chistes. Sin duda es la reacción humana de intentar mitigar el trance por el cual, pasaremos inexorablemente todos.

Como si así se consiguiese alejar "La Parca". Dándonos la seguridad de que tardará así muchos años en venir a buscarnos. Pues bien cierto es, que no pocas veces se habrá oído alguien decir, la vida es una mierda. Pero después pocos son los que quieren marcharse, aferrándose a ella hasta el último momento. Además, como vivimos en la inopia, de creer que en el tren de la vida, siempre se nos permitirá bajarnos en la última parada, así nos va cuando nos sorprende "La Pelona".

Parece ser que solo cuando estamos delante de un ataúd de algún conocido, es cuando reflexionamos sobre el sentido real de la vida, no el que llevamos. Pero esa reflexión dura hasta el momento del entierro, puesto que después al rato, vuelve todo a su cauce, siguiendo con los absurdos de nuestra vida.

"No podemos pensar en la muerte, sino, no viviríamos". –eso dicen.

Escándalo en el mortuorio

Hace frío, el ambiente está enrarecido, Salvador de cuerpo presente está rodeado por sus hijos, que al ser numerosa la prole, el murmullo entre ellos no se consigue disimular. Se les nota compungidos, o al menos disimulan muy bien, manifestando su dolor, con muecas de aflicción y expresiones orales de grandes suspiros.

Pero, irrenunciablemente sale a colación el tema de la herencia. Ya que aunque los hijos, no saben con exactitud la cantidad de fortuna que el padre había amasado, ésta debe ser cuantiosa, puesto que en vida tenía fama de ser de "la cofradía de la virgen del puño". Parece ser, que la intriga de saber cuánto les tocará, no les hace mostrarse comedidos para ser capaces de saciar su impaciencia en otro momento. Lo que se empieza a manifestar cuando oyen a Rogelio, hermano mayor nombrado por el padre como albacea, en vida.

Con el difunto presente, empiezan las desavenencias. Las voces van subiendo de tono, acalorados como se muestran algunos hermanos. O sea la cosa va creciendo, cuando de repente uno de los hermanos, Nacimiento, suelta un grito. ¡Hostias! A mí me toca esa mierda. Rogelio, que hace de albacea, trata de apaciguar las cosas. Pero acalorado como está Nacimiento, tira el dinero al suelo, diciendo, quedaros con esa mierda. Los demás hermanos, se muestran avergonzados por el espectáculo que están dando delante de conocidos y familiares.

Al fin el poderoso Don Dinero, acaba llevando al ser humano, a tener actitudes de lo más grotescas, en momentos donde la contención y el recogimiento deberían imperar.

Como si no hubiese pasado nada, los presentes pasan a firmar el libro de condolencias del mortuorio. Mostrando una premura, como que la cosa se les está haciendo larga. Será por aquello del refrán… "el muerto al hoyo y el vivo al bollo".

Al final, el sentido práctico de las cosas se acaba imponiendo, por mucho que el espíritu de las circunstancias, debiera hacer guardar las formas.

El hipotecado

Ruperta contempla el difunto de su marido Ciriaco, mientras es observada por Celedonio, que como empleado del Mortuorio, allí está para atender cualquier solicitud de los "clientes".

Con el cuerpo presente, se la nota reflexiva, hablándole al finado.

-Que injusta es la vida Ciriaco, toda la vida pagando la hipoteca con la ilusión de que éramos dueños del piso, aunque en realidad teníamos una deuda contraída con el banco durante 40 años y cuando íbamos a festejar que habíamos llegado a la última cuota y acabado, vas y te mueres. –dice Ruperta.

Habiendo llevado una vida llena de sacrificios, sudando la gota gorda todos los meses, para juntar la mensualidad de la hipoteca, el matrimonio como tantos, empezaron su largo camino de 40 años para amortizar la deuda contraída con el banco. Porque esto de las hipotecas tiene su truco, te hace sentirte dueño, cuando consigues que te concedan la hipoteca, cuando en realidad vives de prestado en el piso, hasta que pagues la última mensualidad al banco. O sea que durante 30 años eres digamos, dueño de prestado, pues lo que has adquirido en realidad es una deuda con el banco.

Y la vida a veces caprichosa como es, a veces te hace esas jugarretas, que cuando crees que has cumplido el objetivo, te llega "La Parca" y te lleva. Bueno, siempre queda la satisfacción de que alguien disfrutará lo que pagaste con tanto esfuerzo. Aunque no lo veas o sí, para los creyentes, que creen que verán su obra cumplida desde algún lugar, bien sea desde el cielo o infierno, según sea el caso. Y casi mejor no lo veas, puesto que en algunos casos, si eso fuese posible, vivirías en la intranquilidad del inframundo, comprobando que eso que tan orgulloso dejaste a tu hijo se lo acaba llevando su pareja, dejando a tu hijo en la estacada.

-Ya ves Ciriaco, tú ahí tranquilo, sin nada de lo que preocuparte, con las manos cruzadas sobre el pecho, mientras yo estoy pasándolo mal. -dice Ruperta.

Celedonio la mira, pensando para sí, una más que se lleva el chasco de la vida.

El Cornudo despechado

Reunidos en el mortuorio, familiares rodean el ataúd donde yace Jeremías. Su viuda, es la que más aspavientos de dolor demuestra, impresionando a los presentes su teatralidad. Al fin Jeremías era el prototipo de hombre feliz y de éxito. Tenía un buen empleo, una mujer guapa, hipoteca pagada, dinero en el banco y un tren de vida envidiable. O sea, la vida idealizada por muchos.

Pero tenía un gran secreto, que algunos conocían, su mujer tenía un amante y a pesar de las amenazas de Jeremías, su mujer Amparo estaba decidida a poner fin a su matrimonio. A pesar de que él había amenazado con quitarse la vida si le dejaba por otro.

Ella tenía claro que iba a apostar por el mozalbete que era su amante desde hace dos años. Un apuesto hombre 10 años más joven que ella, con el vigor para satisfacer las necesidades sexuales de ella. Cosa que ya hacía tiempo que Jeremías no daba la talla.

Jeremías con toda la tranquilidad del mundo, al comprobar que su mujer estaba decidida a poner punto final a su matrimonio, se prepara para cumplir con su amenaza, haciendo su cóctel mortal, que bebe poco a poco en pequeños sorbos, como tratando de alargar el tiempo de vida que le queda. Una vez ingerido, se mete en la cama, tapándose muy bien, cerrando los ojos para el sueño eterno.

Su mujer llega a casa y se encuentra el percal, encontrándose con Jeremías que parece dormir profundamente, ella se acerca y le toca, comprobando que está completamente helado. Se da cuenta al momento que está muerto, se acerca al teléfono para llamar una ambulancia, sin inmutarse por lo sucedido.

En contra de lo que todos creían, Jeremías cumplió su amenaza y allí estaba delante de los presentes, demostrando que era hombre de palabra. Frío y ceroso allí estaba delante, en actitud desafiante hacia los que no le habían creído, en el mortuorio.

Los presentes estaban impresionados por la actitud de Amparo, que parecía "rasgarse las vestiduras" por la muerte de su marido. Cosa que a los que sabían lo que se cocía en el matrimonio, no les causaba más que exclamar, cuánta hipocresía.

Llegó la hora de trasladar el ataúd de Jeremías al crematorio, cuando alguien soltó, menos mal, pensaba que esto no iba a acabar nunca. Mientras los presentes se entretenían contando chistes, cosa más habitual de lo que se cree en los entierros.

Depositado el ataúd en el coche "del último viaje", la comitiva salió rumbo al cementerio. Para aguardar allí la urna con las cenizas de Jeremías. Cubiertos todos los trámites religiosos, se deposita la urna en el nicho, para proceder al cierre del mismo, no sin antes oírse un grito desgarrador de Amparo, Jeremías, que pronto nos dejasteee… Los presentes se miran entre sí, diciendo con la mirada, que jeta tiene.

El avaro

Críspulo fue siempre un tacaño, tanto así que, tenía fama de ser devoto de la cofradía de "La Virgen del Puño". Llegaba a tal punto su tacañería, que rescataba los ojos de aceite del vinagre, una vez degustada las ensalada, para una posterior reutilización. Era tal su sentido de miseria, que prefería ver pudrirse las calabazas en la mata, que ver a los familiares arrancarlas, para comérselas. Tenía una inmensa cuenta en el banco, cuyo saldo desconocía la familia. Además de varios pisos de su propiedad que tenía alquilados en la ciudad y fincas en el pueblo. Decían los conocidos que desconocía las lindes de éstas, de tamaña inmensidad que tenían.

Sin embargo, vivía como un pobre de solemnidad, los que le veían por la calle y no sabían de su vida, llegaban a creer que era un mendigo.

Y ya ves, ahí estaba tendido en el ataúd como los demás mortales, con un crucifijo de Oro entre sus manos, que daba la sensación como si se aferrase a él, con motivo de su avaricia se manifiesta, hasta después de muerto.

Celedonio, pasa cerca del féretro, como tratando de comprobar que está todo en orden. Mirando por el ventanuco al difunto. Observando, que aún después de muerto, daba la sensación de que agarraba con fuerza el crucifijo, no por lo que representa, sino más bien por su valor pecuniario. Exclamando, sí que debió de ser agarrado en vida, cuando parece custodiar, lo que se llevará al inframundo con él.

Mientras los presentes se distraen haciendo comentarios, de lo tacaño que era el finado; que en vida llevaba insertada en las trabillas del pantalón, una cuerda de atar, con tal de no gastar el dinero en una correa. Ahora los familiares tendrán que palear el dinero en su tumba, para que el difunto marche tranquilo al más allá. No vaya a ser que esté preocupado y eso le haga volver en su búsqueda.

Uno menciona, que de vivo siempre decía que solo se casaría si encontraba esposa, dispuesta a regentar un negocio, que eso de tener mujer, para ser una mantenida, ni hablar. Por eso entre los presentes no figura ni esposa ni hijos.

Ya ves, con su avaricia ahí se resume todo, solo supo amasar en vida, como si el único fin de la existencia fuese ese, tener y acaparar. Aunque también es entendible que personas con un pensamiento tan primario, no sean capaces de escaparse al engranaje del sistema y que por increíble que pueda parecer, que solo disfrutan cada vez que realizan un ingreso bancario.

Era un enfermo, comenta uno de los presentes, con tanta fortuna como tenía, jamás se dio lujo alguno, llevando una vida miserable. Su felicidad era hacer ingresos y tener el dinero apalancado en el banco. Lo cual nos lleva a reflexionar que la felicidad es subjetiva, con lo cual cada uno tiene una escala de valores que se contrapone a la de otros, sin poder decir cuál de ellas es la correcta.

Unos se plantean la vida, en disfrutar de manera gozosa de ella, gastando según sus posibilidades en disfrutarla. Otros por el contrario su gran placer orgásmico es, cada vez que llegan a la ventanilla del banco y realizan un ingreso en cuenta. Vivirá como un mísero, sin darse a los placeres de la vida, pero será feliz, sabiendo que tiene bien apalancado su dinero en el banco.

La Suegra

Rodeada por la familia, yace Crescencia, en su hermoso ataúd en el centro del mortuorio. Al ser una familia numerosa, la cantidad de asistentes es llamativa. Resultando curioso, que se arrimen a mirar por el ventanuco el rostro de la difunta. Los que solo somos amigos, tenemos la sensación sobre todo entre los cuñados, que parecen acercarse como para cerciorarse que está bien muerta.

Por lo visto Crescencia fue mujer de armas tomar y le gustaba mangonear, como a todas las mujeres, en la familia, pero en el caso de ella el control era demasiado férreo. Y no contaba con su simpatía entre los yernos, ya que alguno ni la podía ver.

Mientras se van desarrollando las pompas fúnebres, se oyen comentarios del tipo…

Vaya mujer, era insoportable, generoso fue dios con el marido, que se lo llevó mucho antes de fallecer ella. Era una "métome en todo", no se le escapaba detalle y vivía opinando en cualquier asunto. Tanto era así, que solo le faltaba meterse en la cama de yernos y nueras.

Uno de los yernos murmura bajito, que dios te tenga en su gloria, pues bien descansados que nos hemos quedado los vivos en la tierra. Asintiendo los demás, cuánta razón tiene. Llega a vivir algo más y acaba con todos los matrimonios. Vivía sembrando la discordia y parecía disfrutar provocando enfrentamientos. Envidiosa a no más poder, le corroía que le fuese bien a las personas, era mala por naturaleza. Lo que se dice una auténtica pécora.

Nada nuevo se cuenta aquí creo, prueba de ello es, la fama que tienen las "suegras", verdad. Y en los velatorios se descarga mucha frustración acumulada que tienen las familias con el finado, al fin siempre hay algo que reprochar. Y nadie se libra ni después de muerto.

Don Juan

Ahí está Marciano, hombre que alcanzó larga vida, quizá por sus enormes amoríos que tuvo en vida. Hombre casado eso sí, siempre tuvo sus amantes. Pues al ser hombre de situación económica desahogada, fue muy generoso con las mujeres, lo que le repercutió en visitar varias alcobas.

Frente al féretro se encuentran varias mujeres enlutadas cubiertas por el velo negro, que manifiestan su pesar bien con lloros o suspiros. Lo que hace que la situación se le haga algo patética entre los presentes. De ahí que salgan interrogaciones susurradas… ¿Cómo coño hay tantas viudas? Si Marciano, que yo sepa, siempre tuvo por esposa a Filomena.

Entre las presentes, se observa que se miran de reojo, sobre todo Filomena, que siempre supo que Marciano le había sido infiel, pero era una infidelidad consentida, a la vieja usanza, de las buenas esposas que por el bien de la familia, evitaba cualquier situación que pudiese redundar en un escándalo.

¿Pero tantas?, Marciano eso sí siempre fue hombre muy de saber guardar las formas y aunque sabían de su debilidad "por las faldas", jamás dejó en evidencia a su esposa delante de nadie, en cuanto a su moralidad. Dando en apariencia una intachable pulcritud de hombre fiel, frente a los demás. De ahí lo chocante de la situación, para algunos de los presentes, desconocedores de la realidad moral de Marciano. Quedando patente que fue un putero redomado, sino qué otra explicación hay a que haya tantas "viudas" frente al féretro. Su mujer Filomena, guardando las formas hasta el final, se reservaba no opinando nada ni manifestando indignación alguna. Pues ante todo, mantener la dignidad de la familia, a pesar de los fallos que pudo tener el finado en vida.

Lo que está claro es, que era un hombre, que se supo guardar el respeto entre todas sus amantes, ya que con total decoro están presentes, sin manifestar cualquier afronta, al comprobar que hay más, que desconocían su existencia.

Se oye bajito alguien decir…que calladito se lo tenía Marciano. Pero el respeto que infunde el momento es total, si hay envidias, rencores o afrontas para algunas, las formas se guardan escrupulosamente.

Entre los presentes también, ya que aunque algunos sabían de sus devaneos y otros se han enterado en el mismo mortuorio, por respeto no hacen aspavientos algunos.

Llega el momento de transportar el ataúd hasta el cementerio y entre los presentes, parecen pujar para querer llevar a hombros a Marciano. Lo que viene a corroborar que a pesar de su vida disoluta, Marciano era respetado como persona.

Mientras el sacerdote pronuncia las lecturas litúrgicas junto a la sepultura, empiezan a aflorar los llantos de manera más intensa, pues llega el momento definitivo de la despedida de Marciano, por sus "viudas".

Como algunas son conocidas y otras no, empieza un cuchicheo para averiguar la identidad de las allí presentes, entre los asistentes.

Amparito la de la izquierda es la frutera de toda la vida de cerca de casa, Dolores, es empleada de banca, donde Marciano tenía sus dineros, Paquita es la secretaría donde trabajaba el susodicho, Teresa es la mujer del difunto Perico, antiguo compañero de Marciano, que se hizo amante de ella, para consolarla en su soledad y Encarna es una solterona amiga de la mujer de Marciano.

Vaya, el señor no desaprovechaba ocasión "donde echar la caña", hasta con la amiga de la mujer tuvo líos. Menos mal que la discreción de las mujeres, mantiene a buen recaudo las infidelidades, que ni la esposa se había enterado que le ponía también los "cuernos" con su amiga, Paquita.

Uno de los presentes, no se consigue contener y en voz baja dice…no hay duda que el señor fue un gran garañón, para atender a tantas, con total discreción durante años.

Sí señor, hizo gala de gran discreción, ya que dudo que todas supiesen de la existencia de las otras. Sin embargo no hay duda que el hombre debía de ser muy organizado, puesto que tenía que llevar una agenda muy rigurosa, para no confundirse con ninguna de ellas. Pues todo hay que decirlo, que requiere un autocontrol total para no confundirse en los nombres cuando estaba con cada una de ellas, llamándola por el nombre que no le correspondía. Pues imagínate, que cuando estaba con su santa esposa, la llamase por equivocación con el nombre de alguna de sus amantes.

Lo cual deja constancia que además de ser muy organizado el señor era muy meticuloso, todo lleno de don de gentes.

Filomena con gran discreción como gran señora que es, no se dejó influenciar por la situación comprometida, al ver más mujeres enlutadas, velando a su marido. Señal que o era muy inocente de los actos furtivos de su marido o una mujer acomodada a la vieja usanza, mientras a mí me trate como una reina en mi casa, lo que haga fuera me da igual.

De facto cierta vez, una amiga le vino a avisar que su marido estaba teniendo contacto carnal con otra mujer, a lo cual ella le replicó deja que "la use", que eso no se gasta. Dejando estupefacta a la amiga con su contundente y concisa respuesta. Seguramente se desmoronó su morbo, al pensar que Filomena iría reaccionar de manera iracunda y sin embargo no fue así. Solemos cometer el error de creer que las personas ante determinadas situaciones reaccionarán por un igual, llevándose grandes sorpresas en la vida.

Lo que nos hace reflexionar, nos molesta por cuestiones morales loa actos que pueda hacer el otro o es que nos da rabia saber que ese otro está gozando con otro, cuando nos creemos en el derecho de que eso es nuestro.

El iluso

Pancracio fue el típico hombre llamado modélico, trabajador, buen esposo, querido por sus hijos, reconocido por su empresa; etc. O sea, lo que se puede decir un primor de persona, idealizada socialmente.

Allí yace en su ataúd de nobles maderas, que parece realzar más aún a su persona. El número de presentes es bien amplio, haciendo difícil que se guarde el silencio que requiere el momento.

Leopoldo uno de sus más íntimos amigos despacha, charla mientras con Crisóstomo. Hay que ver lo que es el sentido de la vida, en algunos casos se podría decir, que hasta es injusta. Pues no he conocido hombre más bueno y cumplidor, sin embargo ahí yace delante de nosotros, como inmutable al murmullo de los presentes.

Jamás se le conoció lío de faldas, que implicase poner en duda su fidelidad hacia su esposa, trabajador como el que más, en su empleo era de los últimos en marcharse siempre. Tenía la edad llamada dorada, que es aquella en la cual has alcanzado la perfección de haber logrado todo aquello que nos predica de hacer la sociedad. Su hipoteca pagada, sus hijos criados, una esposa ejemplar, muy valorado laboralmente; etc.

Sí, dice Crisóstomo y de qué vale todo eso, si ahora yace ahí ceroso en el mortuorio. Respondiéndole Leopoldo, hombre pues que una persona que ha seguido una pauta tan ejemplar, merecía haber tenido más suerte para poder disfrutar en una larga vida, de sus logros personales; etc.

Ya ves dice Crisóstomo, pero eso nos pasa, porque en el fondo las personas nunca estamos preparados para recibir la llegada de "La Parca". Y creemos falsamente, que por haber llevado una vida ejemplar, eso nos garantizará el premio de poder disfrutar en el tiempo, de toda nuestra labor.

Cuando la realidad nos demuestra que tal justicia no existe, un hombre ejemplar o un golfo, tendrán las mismas posibilidades.

Quizá sea que el trasfondo religioso que nos infunden, para darle sentido a las cosas que hacemos en la vida, nos hace tener ese espejismo, que nos hace despertar de él, cada vez que nos enteramos de que la muerte ha sorprendido a alguien.

Ya, dice Leopoldo, pero no es de recibo que "La Parca" te lleve así de repente, ahogando todas aquellas ilusiones por la cuales luchaste denodadamente.

Mira Leopoldo dejémonos de monsergas dice Crisóstomo, los refranes que sabios son resumen las situaciones de la vida y hay uno que dice…"el muerto al hoyo y el vivo al bollo". O sea asúmelo, Pancracio está ahí más tieso que un palo y no va a volver. Puedo entender que a todos nos impacta cuando alguien se muere de repente de manera inesperada. Sobre todo porque parece que en esos momentos, es como si la muerte nos hiciese reflexionar, si es correcto el modo en que llevamos la vida. Pues raro es aquél que se escapa al rodillo de las obligaciones que socialmente nos dicen que debemos cumplir. Y en esos momentos, aunque nos pongamos reflexivos, tratando de replantearnos nuestro modo de vivir, eso nos dura hasta que salimos del mortuorio. Esto es, tan pronto dejamos de ver el ataúd del familiar o conocido, volvemos a las andadas, esto es, a hacer exactamente lo mismo que hizo el muerto. Que hace instantes nos había hecho pensar, que él se había equivocado, al comprobar que todos los sueños de una vida prodiga y larga, no son más que eso que nos hace vivir ebrios ante la realidad.

Es posible que en el fondo, somos unos inconscientes ilusos, que llegamos a creer que somos capaces de controlar todo en nuestra vida como si se tratase de un organigrama. Además con el aliciente de que todos creemos que estamos en el camino correcto con nuestros actos.

Hasta que llega "La Parca" a buscarnos, donde ya no se puede dar marcha atrás ni intentar replantearse el sentido equivocado que ven, aquellos que rodean el ataúd, que al final volverán a hacer ni más ni menos lo mismo que el finado.

Amantísima madre

Hoy hay ajetreo en el mortuorio, pues por coincidencias del destino, hay mucha concurrencia. Sobre todo porque la finada Ifrosinía, dejó numerosa prole en vida, al tener 12 hijos y 28 nietos y 15 bisnietos. Al tener los hijos repartidos por todo el país, las condolencias de amigos son innumerables.

Celedonio se muestra presto, por si tiene cualquier requerimiento de los familiares de la difunta Ifrosinía.

Entre el murmullo del mortuorio, sobresalen sollozos y llantos, entremezclados con profundos suspiros, entre la concurrida asistencia. Destacando entre ellos unos gritos de histerismo. Rufino y Celedonio, acostumbrados a esas lides, tratan de controlar la situación, infundiendo calma al descontrolado, que la experiencia de los años les ha aportado en su saber. Ya que saben del efecto contagioso de las masas, donde empieza uno gritando y se monta la marabunta, por efecto dominó del histerismo.

Rodeado el ataúd de cinc por los familiares y conocidos, donde da la impresión que se van a merendar "el fiambre", dada la lucha inconsciente que suelen ejercer por estar lo más próximo posible, como si eso denotase mayor afecto. Se oyen los gritos de una de las hijas… ¡la quiero ver!, ¡la quiero ver!, ¡la quiero ver!

Celedonio se acerca para tratar de aconsejar a los familiares, para que convenzan a la hija histérica a que desista en el empeño. Pero nada, Agapita no se calla, más bien aumenta el volumen en medio de los aspavientos, sin hacer caso a las recomendaciones de Celedonio. Quien ha advertido a los familiares de los motivos, para no insistir en querer ver a Ifrosinía. Pero nada la hija continua con su… ¡quiero verla!, ¡quiero verla!, ¡quiero verla! Ante semejante insistencia solicitan a Celedonio, los hermanos, que abra el ataúd y la deje verla por última vez, para llevarse un recuerdo de ella. Celedonio por fin atiende a la petición de los hermanos. Yo os avisé, pero allá vosotros. Arremolinados alrededor del ataúd, como si fuesen a comerse la difunta, aguardan expectantes poder mirar su semblante.

Celedonio empieza lentamente a quitar los precintos del ataúd de cinc, que tan meticulosamente había sellado Rufino. Se nota la excitación en el rostro de los presentes, como si se les hiciese eterna la demora, hasta que finalmente se abre la tapa del ataúd. Observándose la imagen tétrica en su rostro, al comprobar que el ser querido se había transformado en un monstruo, con los pómulos tan hinchados apenas se podía percibir que tuviese ojos. La acción reacción fue inmediata, huyendo en estampida de alrededor del féretro, debido al tremendo hedor nauseabundo que desprendía el cadáver.

Celedonio y Rufino, parecían disfrutar con la escena, saliéndole de manera instantánea…

 -¿No queríais verla? -dice Celedonio- ¡Pues ahora joderos!

Tratando de disimular, los presentes tratan de recomponer su actitud, acercándose a una distancia prudente del ataúd, sin conseguir disimular su rostro con las facciones retorcidas, por el hedor que tiñen que soportar.

Entre los presentes, alguien suelta la expresión tan manida, ¡"no somos nadie"! Respondiendo otro con "voz in off", desde luego, sobre todo teniendo que soportar un sepelio con tamaño hedor.

Guardadas las composturas, los presentes buscan, que el trance acabe cuanto antes. Ya que la situación se hace insostenible, por el nauseabundo hedor que impregna el ambiente del mortuorio, con esa fragancia cadavérica. Perfumando Rufino el ambiente, para que se haga soportable la respiración, disimulando el olor a muerto.

Poco a poco, precintado otra vez el ataúd, se va recuperando el ambiente del hedor. Recomponiéndose la normalidad en los rostros, al no tener que respirar las napias el nauseabundo olor cadavérico.

Aparecen los empleados del crematorio para hacerse cargo del cuerpo. Cuando alguien suelta de manera espontánea, por dios, menos mal que se lo llevan. Respondiendo otro, menos mal que van a incinerarla, si la entierran con el ataúd, seguro que resucitan hasta los muertos por la pestilencia.

Los presentes, abandonan ordenadamente el mortuorio, para dirigirse al cementerio, donde se celebrarán las exequias.

Mientras aguardan la llegada de la urna, alguien suelta… Hay que joderse, que peleemos tanto en la vida, para acabar hechos ceniza en una urna de porcelana

Si, en estos momentos, solemos ponernos reflexivos, como si en esos instantes, nos diésemos cuenta de verdad de lo que nos espera. Ya que vivimos de manera que parece que nunca moriremos o sino que nos han asegurado que viviremos muchísimos años.

El previsor

Leoncio siempre fue un hombre previsor, tanto es así que en vida, meticulosamente fue haciendo a lo largo de los años los preparativos para cuando llegase el momento inexorable por el cual todo debemos pasar, que es el de pasar a "la vida eterna".

Realizando los oportunos trámites para cuando llegase "La Pelona" no le fuese a coger desprevenida a la familia.

Se preocupó por enterarse en qué situación legal estaba la sepultura donde yacían sus tatarabuelos, lugar que él había escogido para ser enterrado. Ya que era una sepultura que había caído en el olvido familiar, ya que solo sus dos tatarabuelos estaban enterrados allí, no habiendo hecho uso más de ella, ni los hijos, ni los nietos y bisnietos. Siendo él tataranieto acudió a la oficina del cementerio para enterarse.

Le explicaron, que como la sepultura no había sido usada en más de 110 años, ni constaba quien podría ser el poseedor del documento de adquisición en su día, que debería configurar un árbol genealógico que demostrase que él era legítimo heredero de los señores allí enterrados.

Poniéndose a ello, cosa que le había llevado unos años, confeccionar el dicho árbol pedido. Detallándosele a continuación que debía pagar un importe por el enterramiento. Cosa que cumplió escrupulosamente. Habiendo dejado dicho a sus hijos, de sus últimas voluntades, que quería ser enterrado con ataúd.

Una vez cubierta toda la parte burocrática, pasó a realizar pequeños acondicionamientos en la sepultura en el cementerio. Puesto que había comprobado que a lo largo de ese más de un siglo de abandono, en algún momento alguien se adueñó de la cruz que seguramente presidía la misma. Cosa por ende, bastante común en los cementerios. Como él era ateo y no tenía para nada creencia religiosa alguna como sus antecesores, optó por instalar una jardinera en piedra cuadrada, encima de donde antaño estuvo la cruz, tapando así el soporte que había quedado como único vestigio de la cruz que en su día debió haber allí.

Durante años, se preocupó meticulosamente de ir periódicamente a regar la planta que había plantado en la jardinera. Planta crasa muy resistente a las inclemencias del tiempo, que tenía dos floraciones anuales, con una inmensidad de flores de color fucsia. Como hombre previsor que era, también quiso dejar instalado su epitafio donde dejaría constancia de su filosofía de vida, resumida.

> "Nacemos sin traer nada,
>
> morimos sin llevar nada,
>
> consciente de ello,
>
> jamás ambicioné se dueño de nada".

Dando por finalizados todos los preparativos para su "futura morada". Se marchó satisfecho de su última visita al cementerio, por el trabajo bien hecho.

Los años fueron pasando e inevitablemente llegó el día de su muerte. Quedando patente que había dejado a su hija como albacea de sus últimas voluntades, ésta procedió a cumplir a raja tabla las voluntades de su padre.

Encontrándose el ataúd situado en medio del mortuorio, todo parecía organizado.

Pasando uno a uno, los familiares y conocidos, pudo comprobar Celedonio, que la familia del finado era numerosa, a la vista de la cantidad, casi exagerada de coronas de despedida.

Finalizadas todas las exequias se va a proceder al entierro de Leoncio, en su sepultura que tan meticulosamente había preparado, para cuando llegase ese día que a todos nos aguarda. Meten el ataúd, en el coche del "último viaje" y parten hacia el cementerio.

Los enterradores se disponen a meter las cuerdas bajo el ataúd, para descenderlo a la sepultura de cuatro cuerpos, donde los vestigios de los tatarabuelos eran prácticamente mínimos, por lo tanto había que descender con cuidado por la altura de unos 2 metros.

Oh sorpresa, al intentar introducir el ataúd, los enterradores se percataron que debido al tiempo transcurrido desde que se adquirió la sepultura, el tamaño de los ataúdes había cambiado a mayor. Al ser de mayor talla los difuntos de hoy, que antaño. Por lo tanto no cabía dicho ataúd en ella, viéndose los enterradores con maza en mano destrozar una parte, para agrandar la longitud del hueco.

Entre los presentes uno de esos espontáneos que siempre hay en los entierros, suelta la frase…

Pobre Leoncio, toda una vida preparándose para este día y con tanto esmero y meticulosidad para dejarlo todo bien atado y al final se le había pasado por alto este percance.

Una vez introducido el ataúd costosamente, se cubre nuevamente con la losa y el sacerdote dice…**"Requiescat in pace"**

La Chata

La muerte, tiene distintas denominaciones, señal que ocupa un lugar preferente en el ideario popular. Se la conoce como "La Parca", "La Solana", "La Pelona", "La Chata"; etc.

Sin duda todas esas denominaciones son, para evitar la palabra que a muchos les suena terrible, muerte. Tanto es así que la palabra Mortuorio, prácticamente fue erradicada de nuestro vocabulario popular. Porque algún iluminado en su día, que creyó que había que quitarle morbosidad al trance, optó por otra de etimología griega, "tanathos". Ahora se dice, Tanatorio, que aunque significa exactamente lo mismo que mortuorio, suena más suave al no mencionarse la raíz **muerte**, en ella.

Celedonio y Rufino, acostumbrados a todo tipo de personajes que pasan por el mortuorio, ya no se sorprenden con nada que pueda pasar en ese universo.

Hay cierto jolgorio en el mortuorio, algo que no guarda con el ambiente que habría que tener en un lugar así, que es para honrar a los muertos. Ya que lo que se espera más bien es que haya silencio y sobrecogimiento de los presentes. Pero ya se sabe cómo es el ser humano, aunque sea muy fúnebre la cosa, enseguida se deja contagiar por ese ambiente que hasta parece festivo, donde por supuesto los chistes no faltan. Sin duda es la reacción del subconsciente, para ahuyentar la figura de la muerte que pulula en el ambiente.

Vaya, dice uno, sí parece que más que asistir a un entierro, estamos en una fiesta de grandes celebraciones. ¿Será que es porque se alegran que haya muerto el susodicho?

Como responsable del mortuorio, Celedonio les dice que guarden la compostura con el lugar en el que están. Ya que se merecen los demás presentes que velan a los demás finados, que no parezca que están en una verbena, más que un mortuorio.

El silencio después de sus palabras se hace sepulcral. Y obedientemente los presentes hacen un silencio respetuoso, después de la advertencia. Pero la incontinencia verbal dura 5 minutos, puesto que al rato, parece que estamos en domingo de feria.

Enfilan el ataúd en el coche "del último viaje", dando la sensación que la premura, más que mostrarse solícitos por prestar ayuda, parece que tienen prisa para que acabe el tabarrón.

Continúa el repertorio de las exequias, viéndose ya la impaciencia en el rostro de algunos. Oyéndose en voz baja… ¿pero es que esto no va a acabar nunca?

Acabados los trámites litúrgicos empotran el ataúd en el nicho. Saltando un espontáneo ¡acabad con en el encofrado! O sea el gracioso de turno.

Una vez finalizadas las últimas paletadas para sellar el nicho, salta otro, ¡Aleluya! Oyéndose una señora decir… Que falta de respeto.

¡Hostias macho! Es que con tanto rezo, responso y oraciones, esto no se acababa. Los presentes fingiendo como que no han oído nada, miran compungidos hacia el suelo, resignados de que al menos se ha llegado al fin.

Las flatulencias

Madre e hija están delante del difunto esposo y padre, sobrecogidas por el dolor, están envueltas por el sepulcral silencio del Mortuorio, que crea un ambiente etéreo. Allí está el ataúd de Apolinario, rodeado de coronas de flores, con las frases, "Nunca te olvidaremos", "Has volado junto a dios", "Tus compañeros no te olvidan", "Solo los justos están a tu vera Dios", patatá, patatá; etc.

De repente, se rompe la quietud de murmullo lejano de los presentes. Con la manifestación de uno, que por su cercanía al féretro, ha oído el sonido de una flatulencia. Que espontáneo como es, lanza la interrogación…

-¿Quién ha sido el cerdo? -dice un espontáneo.

Madre e hija sonrojadas se miran, suponiendo que la ruptura del silencio por ese ruido que ha hecho eco en el ambiente, proviene de su familiar de cuerpo presente. Aunque no dan crédito, pues está muerto.

-Alguien se ha cagaooo… -dice otro espontáneo.

-¿Qué ha sido eso? -dice la hija- Como tratando de disimular.

-No sé. -responde la madre.

-Ha sonado como si fuese un pedo. -dice la hija.

-Yo no he sido. -dice la madre.

-Yo tampoco. -dice la hija.

-Entonces, a la vista que no hay nadie más, ha tenido que ser papá. -dice la hija.

-Un respeto, ¿cómo va a ser papá si está muerto? -dice la madre.

-Mamá que te digo que alguien se ha peído, si no has sido tú ni yo, aquí no hay nadie más cerca, que papá. –dice la hija.

Estando cerca Celedonio, éste se acerca y les dice, si señoras, por gajes del oficio, les puedo asegurar, que los muertos también se tiran pedos.

-Lo ves mamá – dice la hija.

-Anda calla hija, que no son momentos para estas conversaciones. – dice la madre.

Vuelven a mirar hacia el féretro, teniendo que hacer gran esfuerzo para contener la risa, pues aunque están delante de la muerte de un ser querido, les ha hecho gracia descubrir que los muertos también se tiran pedos.

Pero enseguida las normas morales, les hacen recuperar la idea que están en un lugar de recogimiento, donde es deber guardar las formas por respeto al finado. Dando por zanjado el asunto.

Empiezan a desfilar por el Mortuorio, los familiares y amigos de Apolinario, para presentar sus condolencias a viuda e hija. Notándose cierta aprensión entre éstas, de que la situación del pedo se pudiese volver a repetir, que vergüenza. Con todo el gentío allí delante, aunque claro, el tumulto que forman las personas con su cuchicheo, probablemente ahogarían la sonoridad del pedo.

Son trances que pasan en determinadas situaciones, que aunque creamos que nos pueden poner en un aprieto, son cosas que suceden y los pedos, hacen parte de la vida o hasta de la muerte.

El emigrante

Espeusipo fue hombre que a temprana edad emigró hacia Cuba, fue a cumplir el objetivo de todo emigrante, el de hacerse rico. Trabajó duro y poco a poco fue levantando su emporio. Era hombre muy sagaz y con mucho tesón fue forjándose la imagen de triunfador.

Pero pocos saben en realidad de lo que consta la vida de un emigrante, salvo raras excepciones, supone llevar una vida llena de sacrificios sin darse cualquier lujo, ya que la meta es hacer dinero. Y como es obvio, aunque el ser humano siempre se cree más listo, el lograr ese dinero tendrá su peaje que es, que a cambio de haber hecho dinero, ¿qué vida ha llevado?, ¿Vivir quizá como un miserable?, ¿De qué le vale el dinero que ha hecho con tanto sacrificio si se ha consumido la vida en ello?

Pues así es la realidad de la inmensa mayoría, salen con la esperanza de sus países, creyendo que se harán ricos y triunfarán. Cosa que en su espejismo, se imaginan volviendo al lugar de origen de donde salieron, ricos y jóvenes para disfrutar de lo amasado. Y aunque muy pocos lo lograrán efectivamente, aquellos que lo hayan logrado, la vida se les ha ido en ello, volverán ancianos. Sopesando muchos de ellos si mereció la pena realmente. Ante el dilema, **"mereció la pena trabajar tanto para ganar más dinero o trabajar menos y tener más calidad de vida".**

Pero por desgracia, pocos son aquellos que son capaces de escapar del engranaje de la vida que nos hace esclavos.

Allí está en medio del Mortuorio, Espeusipo, rodeado de coronas de flores de los familiares y amigos. Y el murmullo es una constante, como suele pasar, donde los presentes empiezan a hacer comentarios sobre el finado.

Espeusipo, como se dedicó en cuerpo y alma solo a trabajar, amasar sí que amasó gran fortuna, pero ni tiempo para tener esposa tuvo. Siendo un soltero forzado por las circunstancias.

Uno de los presentes exclama… ¡Pobre Espeusipo!

Sí, dice otro, tanto trabajar para nada, la vida ha sido cruel con él. Tantos años en el extranjero, empero ni se casó ni tuvo hijos. Cuando ya se podía considerar un triunfador, con grandes propiedades y dinero en el banco, llegó zas la revolución cubana, le confiscaron todos sus bienes a favor del proletariado que preconizaba la revolución. Y por ser español, le dejaron salir del país, eso sí, "con una mano delante y otra atrás".

Una vez llegado a España, la tristeza le fue consumiendo poco a poco, al verse ese hombre triunfador, que el destino le había quitado todo de un plumazo. Al punto que tenía que vivir a cuenta de su familia, ya que viejo y sin dinero a nada más podía aspirar, que a esperar que llegase "La Parca".

Fue adelgazando a pasos agigantados, por la crueldad de pasar de rico a pobre en un santiamén. Hasta que sin fuerzas para vivir se lo llevó la "La Parca".

Muchos de los presentes con motivo del velatorio en el Mortuorio, se iban enterando de lo que le había sucedido, por medio de otros. Pues les extrañaba que un hombre que tenía fama de rico, tuviese un ataúd de pino simple.

Allí delante estaba Espeusipo, ojeroso y ceroso, rodeado de los presentes, que parecían casi congraciarse con su desgracia. Pues es algo común en el ser humano, soltar la expresión… "pobrecito que mala suerte tuvo". Cuando en realidad se están regocijando por dentro, de que ese hombre que llegó a ser la envidia del pueblo por sus riquezas, acabase como un pollo desplumado. La envidia es así, corroe al ser humano el éxito ajeno y le reconforta cuando la fatalidad ha llevado a alguien a la desgracia.

Entre el murmullo ese es final de Espeusipo, pasó por todas las etapas de la vida y allí yace, sin poder siquiera llevarse a la sepultura lo que había logrado y al final perdido. Para satisfacción de algunos, sin lugar a duda, ya que les da morbo la desgracia ajena.

Pero al fin de eso se trata, la naturaleza te ha puesto ahí, para crecer, procrear, criar y morir. Aunque algunos ni eso, ya que su objetivo ha sido, crecer, acaparar, enriquecer, sin cumplir el propósito de la naturaleza, de perpetuar la especie. O sea no han sido más que parásitos, para ésta.

Y aunque te plantees por qué, han luchado por enriquecerse, si no tienen descendencia, te contestarán que lo han hecho, copiando lo que hacen los demás.

O sea que donarán su capital invertido a instituciones benéficas, si han hecho testamento. Y si "La Pelona", les ha sorprendido sin llegar a hacerlo, buena alegría se llevará el fisco, que verá sus arcas retribuidas gracias a su generosidad.

Celedonio y Rufino, hacen los últimos apaños, antes que Espeusipo, sea llevado al cementerio. Los presentes despiden la salida del ataúd, entre aplausos, como reconociendo que ha pasado a mejor vida.

Un espontáneo, suelta la frase magistral…

! Toda una vida trabajando, para esto!

Raro será aquél, que en esos momentos no se ha puesto reflexivo, de si merece la pena como nos dicen que debemos vivir. Pero esa reflexión es algo transitoria ya que, la vorágine de la vida no te deja escapar del sistema, so pena que optes por vivir como un ermitaño. Cosa que no hace prácticamente nadie. Y aunque cuando vemos que ha habido personas que se han dedicado en cuerpo y alma a los demás, siendo alabados por nosotros, en el fondo de nuestro ser aunque no lo reconozcamos, pensamos hay que ver que idiota es. Y no digamos nada, si esa figura a la cual alabamos hipócritamente, fuese un hijo nuestro, diríamos que desperdicio de vida. Esto es, que lo hagan los demás lo podemos comprender aunque no entender, pero que lo haga un familiar nuestro es inconcebible.

Quizá el único momento en que podamos valorar esa acción sea, cuando se cierra el nicho.

Agarrándose a la vida

Amanda era una chica jovial, llena de vida, con unas ganas inmensas de comerse el mundo. Cosas propias de la juventud, que por desgracia con el paso de los años se va perdiendo la frescura de los ideales.

Era guapa, tenía un trabajo en el cual se sentía realizada y un novio de "quitar el hipo". En fin, era la envidia entre sus compañeros de trabajo, ya que reunía todo aquello anhelado como lo ideal.

Un día empezó a sentir molestias estomacales, acudiendo a su médico de cabecera, diagnosticándole éste que era cosa sin importancia, seguramente gases.

Prosiguió su vida, ajena a las ligeras molestias que sentía, ya que la médica le había dicho que no le diese importancia, pues muchas veces los nervios por obsesionarse, provocaban esas molestias. Pero con el pasar del tiempo la cosa no solo no mejoraba sino que empeoraba. Decide volver a acudir a su médico de cabecera, puesto que se siente alarmada por el aumento de las molestias. Entonces éste, decide que hay que enviarla al especialista, ante la persistencia agravada de las molestias.

El día de la consulta, acude al gastroenterólogo, nerviosa y preocupada. Éste le hace unas preguntas para tratar de acertar en su diagnóstico. Ella le confiesa que está muy preocupada y que tiene el presentimiento de que tiene algo grave. El médico especialista le dice que no se alarme, que primero habrá que hacer unas pruebas para descartar o confirmar las posibles causas.

Sometida a las pertinentes pruebas, aguarda con angustia a que llegue el día del resultado de éstas. Olvidándose o tratando de no pensar en ello, con la esperanza de que al no obsesionarse, la cosa mejore.

Llega el día de acudir a la consulta del médico especialista para obtener el resultado de las pruebas. Nerviosa como un flan accede a la consulta, preguntándole el médico especialista, qué tal se encuentra. Respondiéndole ella, que muy nerviosa.

Veras Amanda, las pruebas han descubierto que tienes un tumor en estómago de unos 6 cm. Y que hay que operar lo más rápidamente. Ella le mira fijamente como en estado de choque, quedando anonadada con el diagnóstico.

Reaccionando pasado unos minutos, mientras le explica el médico lo que tendrá que hacer antes de operarse, análisis, radiografía; etc.

-¿Dr. me voy a morir? –dice Amanda.

-Amanda, entiendo que estés totalmente alarmada, es la reacción típica cuando se recibe una noticia así. –dice el médico- Pero la medicina no es una ciencia exacta y aunque cueste entenderlo cada evolución es diferente.

-¿Pero es grave, no? –dice Amanda.

-Si lo es, no te voy a mentir. -dice el médico- Pero vamos a luchar con todos los medios, para combatir la enfermedad.

Resignada sale de la consulta completamente hundida, acompañándola su novio que la esperaba fuera, por petición de ella.

-¿Qué te ha dicho el médico? –dice el novio.

-Pues que tengo un tumor en el estómago. –dice Amanda

Abrazándose los dos con mucha fuerza, como tratando de evitar que la vida se le pueda escapar. Con las manos firmemente unidas con los dedos entrelazados, salen del hospital.

Pasan los días y ya se ha hecho las pruebas preoperatorias, llamándola para que ingrese para operarla.

En el día marcado, acude acompañada de su novio y padres, no parando ellos de tratar de infundirle ánimos, de que todo va a salir bien.

Se despiden de ella, tumbada en la camilla donde está, asiéndose con fuerza a la mano de su novio.

Amanda entra en quirófano y después de un rato, la llevan a la UCI para el pos operatorio. Allí por el cristal su novio y familiares se afanan por verla. Bajo el efecto de la anestesia, permanece inmóvil, mientras el médico sale a hablar con la familia.

-¿Qué tal ha ido todo Dr.? -dice el padre.

-Hemos hecho todo lo pertinente. -dice el doctor.

Silenciosamente el resto, sigue atentamente el diálogo. Con el rostro crispado del novio, que no le ha transmitido un buen presentimiento, las palabras del médico.

-¿Dr. Qué diagnóstico saca? -dice el novio.

-La medicina, no es una ciencia exacta, por lo tanto difícil predecir la evolución. -dice el Dr.- Pero siendo sincero el pronóstico no es bueno.

Enmudecido todos, se agarran a la esperanza, ya que lo que acaban de oír, no da buen pálpito. Resignados aguardan en la sala de espera, de que la lleven a planta. La noche se hace interminable y al amanecer se dispersan, quedándose de guardia el novio a la espera de noticias. Nota movimiento en la UCI, van a llevarla a planta, pasadas 24 horas de la intervención.

Allí, pasa a la habitación, después de la pertinente visita del médico. Ella continúa adormilada, al estar sedada. Él le da un beso en la frente, manteniéndose ella con los ojos cerrados, inmóvil.

Pasan los días y toca volver a casa, Amanda desea volver a su entorno y estar lejos del hospital. Débil cómo está se apoya en su padre para llegar al taxi.

Pasa el tiempo y Amanda está mucho mejor, la familia y ella están contentos con su recuperación. Tanto es así que le comenta a su novio, me siento tan bien que es como si no hubiera estado enferma.

Pero un día pasados unos meses, Amanda se despierta con las molestias otra vez. Acuden al médico y éste la somete a nuevas pruebas radiológicas, de escáner y análisis. Pasados unos días, vuelven para saber los resultados. Y el médico con toda la sinceridad, les dice, la enfermedad ha vuelto.

Estupefactos, se miran los unos a los otros, pero permanecen enmudecidos.

-Solo Amanda reacciona, ¿cuánto me queda doctor?

-Mira Amanda la cosa es grave, pero hay que seguir luchando. -dice el médico.

Después de darle una pauta sobre el tratamiento, salen cabizbajos del hospital. Pasan los días e inconscientemente van asumiendo la realidad. Amanda va empeorando y todo lo que come lo vomita, hasta que es necesario hospitalizarla. Permaneciendo casi todos los días sedada, para ahorrarle sufrimiento. Un día estando sedada, recibe a la familia…

Y de repente se incorpora de golpe de la cama y empieza a gritar….

-¡Yo no me quiero morir!, ¡Yo no me quiero morir! Que solo tengo 24 años.

Helándoseles la sangre a los presentes ante sus gritos horrorosos. Su madre la tumba e intenta calmarla. Pareciendo que pasada esa reacción espontánea, el sedante vuelve a hacer efecto sumiéndose en un profundo sueño.

Pasados unos días, en un coma inducido, llega el desenlace, su madre que no suelta ni un instante su mano, siente aflojar la presión y su mano siente como se desprende la de su hija. Dándose cuenta que ha pasado al sueño eterno.

Reunida la familia en el mortuorio, alrededor del ataúd nacarado, observan el rostro angelical de Amanda. Como si hubiera pasado a la vida eterna, en paz. Causando en los presentes la sensación de que un halo todo lo rodea.

Celedonio pasa cerca y hace un comentario para sus adentros. Hay que ver que cruel es la vida, esa chica bellísima y joven en un ataúd y un montón de ancianos asqueados de la vida, deseando que "La Parca", los venga a buscar, siguen aparcados en la vida.

Burro y apaleado

Los presentes no entienden que delante de ellos yace un hombre fornido como un toro, trabajador donde los haya, que llevaba una vida ejemplar, etc. Impresionado está Gumersindo, amigo íntimo del finado, que le cuesta asimilar, que su amigo se haya pegado un tiro, poniendo punto final a su vida. Su mujer Alfonsa que está a su lado, le dice no lo pienses más era su destino. Al otro lado está Gaudencio, compañero de trabajo del fallecido y de Gumersindo. Y le dice, no le des más vueltas, le superó la situación, de que su mujer se separase de él, cambiándole por otro hombre mucho más joven. Además al no trabajar ella, sabía que la tendría que mantener si se separaba, además de proporcionar el mantenimiento del hijo pequeño, que llegó a destiempo, cuando más que padres tenían edad para abuelos. Y por si fuera poco, tenía que seguir pagando la hipoteca de la casa que con tanta ilusión habían comprado de jóvenes, so pena que acabase embargada. Así que, con todos esos gastos, además tendría que irse de casa, por orden del juez, buscándose una habitación. Pero lo que ya colmó la última gota del vaso fue, saber que su ex tenía un amante, de tapadillo.

El pobre hombre se vio superado y no vio más salida que suicidarse. Sé que cuesta entenderlo, pero verse en una habitación de repente, despojado de su hermosa casa, con todas las comodidades, tiene lo suyo.

Ya, pero ahora está ahí en el ataúd, mientras que le ha dejado despejado el camino a su ex, dejándola el camino expedito para que viva ahora con su amante, sin tener que esconderse. Ya ves, que ciertos son los refranes, "el muerto al hoyo y el vivo al bollo". Así es, los hombres en el fondo somos unos pipiolos, manipulados por ellas a su libre antojo. Mientras que ellas son prácticas y cómodas, no temblándoles la mano a la hora de tomar sus decisiones, haciendo aflorar su lado cerebral frío y calculador.

Solo que ésta ha tenido suerte, ya que otros ante verse en la adversidad, reaccionan matándolas, quemando la casa, etc. Mientras que el pobre de Jerónimo, "además de burro, apaleado", ya que se quitó del medio, dejándola todo resuelto. O sea la cuadratura del círculo para ella.

El ser humano uno de los errores que suele cometer es, pensar que puede controlar los designios del destino, vamos vive en la creencia de que puede tener todo "amarrado, bien amarrado". Allí en el mortuorio, está un ejemplo de ello, con Jerónimo que allí yace de cuerpo presente.

Como en todos los mortuorios, el cuchicheo de la muchedumbre está presente. Y dos compañeros de trabajo, intercambian pareceres, mientras hay que aguantar el tabarrón.

-Fíjate Ciriaco, no somos nadie, mira ahí a Jerónimo. -dice Ananías.

-Si dice Ciriaco, de ésta no se escapa nadie. Con lo bien que le iban las cosas, mujer elegante, buen empleo, una casona, dinero a espuertas; etc.

-Ya ves, ahora ahí delante de nosotros ceroso. -dice Ananías.

-Quien lo iba a decir, parecía tener totalmente encauzada la vida y tanto trabajar para eso, para que se suicide. -dice Ciriaco.

-Así es, recuerdo cuando me comentaba de la vidorra que se iba a pegar cuando se jubilase, con el suculento plan de pensiones que había acumulado -dice Ananías.

-Sí, lo recuerdo, era la envidia entre los compañeros. -dice Ciriaco- Y llegó "La Parca" y se lo llevó a los 60 años.

-Que sería de la vida si no viviésemos de ilusiones. -dice Ananías- Al final muchas de las cosas que habíamos proyectado se desvanecen, pero mientras hemos vivido como unos ilusos.

Llegan Celedonio y Rufino, haciéndoles interrumpir el diálogo con la célebre frase… Señores, ha llegado la hora de meter el ataúd, en "el coche del último viaje".

El doble negocio de las exequias

Un día más, como de costumbre Celedonio y Rufino se afanan para que todo esté presto en el mortuorio. Con el hábito del día a día, comprueban como los afligidos y no tan afligidos velan los difuntos, delante de sus ataúdes.

A raíz de éstos, gira la conversación de los presentes sobre el coste tan elevado que tienen algunos de ellos.

Agapito le dice a Práxedes, es que hoy en día los ataúdes cuentan con una serie de lujos que hacen que se encarezcan mucho. Así es le contesta Práxedes, forros de seda, almohadillas, acolchados y hasta luz llevan algunos.

Sí, contesta jocosamente Agapito, todo para que vaya con todo el confort posible el finado. Y la luz, debe ser por si quiere ver el habitáculo, en medio de la oscuridad.

La verdad es, que las coronas de flores que acompañan al féretro de nuestro querido Ubaldo, parecen un poco mustias no se las ve frescas. Como si ya hubieran hecho parte de otro difunto antes.

Celedonio que anda cerca oye el diálogo y le comenta a Rufino, pobre gente, si supiesen el gran negocio doble que hacen algunas de las funerarias.

Sí, contesta Rufino, aprovechan las coronas de flores de entierros precedentes, para cambiar las bandas dedicatorias y endosárselas al siguiente. Cuánta razón tienes dice Celedonio, pero no solo eso, los ataúdes que van a ser incinerados, les dan el cambiazo, cuando el ser querido no quiere asistir el momento en que lo meten en el horno crematorio, sumido por el dolor. Ahí es, cuando algunas funerarias aprovechan para dar el cambiazo del ataúd de maderas nobles por uno de pino. Y así aprovechar la reventa del mismo a otro cliente.

Pero claro a nosotros ni nos viene ni nos va, lo nuestro es el servicio del mortuorio, dice Rufino.

El necrológico

Desiderio, era el típico jubilado, que se aburría al no tener nada que hacer, una vez que había finalizado en la vida su etapa laboral. Y como muchos otros pensionistas, que se distraen espiando a los vecinos o se dedican a mirar en los contenedores de basura, como forma de distraerse, a él le dio aprovechando la proximidad de su vivienda, por ir todos los días al mortuorio.

Allí llegó hasta a hacer amistad con Celedonio y Rufino. A los cuales preguntaba todos los días, para que le pusiesen al día con las necrológicas del día. Y éstos, dada su asiduidad, le pasaban la información pertinente.

Como quien no quiere la cosa, se pasaba por las distintas salas del mortuorio, para ver, cuál de ellas tenía más chicha que le distrajera. Por lo general, se decantaba por aquellas que más jolgorio mostraban, así pasaba más desapercibido. Llegando inclusive a dar el pésame a la viuda o viudo de turno. Qué sumidos en el dolor reciben las condolencias de conocidos y desconocidos, sin enterarse muy bien de quien les ha dado el pésame o no.

Desiderio, lo vivía en primera persona, como si el finado en el ataúd fuese su propio pariente. Dado el énfasis que ponía, Llegando inclusive los que le rodean a comentar, pobre hombre, hay que ver lo afectado que está. Así transcurría la jornada de Desiderio, deambulando por el mortuorio y tal era su curiosidad, que le gustaba mirar dentro del ataúd, para ver la cara del inquilino de turno. Si estaba destapado miraba pasando de lado discretamente, pero era tal la ansiedad, que cuando se encontraba con un ataúd con ventanuco, se acercaba sin reparos a mirar por él. Llegando tal su osadía, que cuando se encontraba con uno de cinc, aprovechaba para abrirlo disimuladamente en ausencia o descuido de los presentes. A veces, los presentes se preguntaban, quién era ese hombre de turno que rondaba el ataúd, ya que no les resultaba familiar. Ya mayoría de las veces especulaban, que debía ser alguien del Mortuorio. Desconocedores de la gran afición de Desiderio.

Era tan solicito, que Desiderio se prestaba en ayudar ante cualquier requerimiento de los familiares del finado. Tanto es así, que algunos llegaban inclusive a pensar que era un empleado más del Mortuorio.

Hoy ha sido un día duro y Desiderio ha tenido que visitar todas las salas del Mortuorio, ya que están a tope de "clientes". Pero él se lo ha pasado bien, en días así de concurridos la "jornada" se pasa antes, pero acaba satisfecho, ya que el día ha cundido en sus expectativas. No como otros días que resultan aburridos, por la poca concurrencia en las instalaciones.

Son las 14:00 h e instintivamente los presentes empiezan a abandonar el Mortuorio, pues hay algo que es algo solo inherente a los vivos, que es el almorzar. Por lo tanto, cumplidos los oportunos trámites, cada cual se dirige al lugar donde calmará sus jugos gástricos.

Desiderio enfila hacia la salida, pero se le nota satisfecho, ha sido un día entretenido para un jubilado como él. Al pasar el umbral de la puerta, mira hacia atrás, como contemplando con nostalgia el buen día que se ha pasado en el Mortuorio.

Pero toca almorzar y mientras hace el camino hacia casa, va repasando todas las vicisitudes vividas en el día de hoy, pues ha sido el típico día en que cree que ha merecido, la pena.

Él mismo sabe que sus amigos no le entienden, que tenga esa afición, pero sabe que no hace daño a nadie, sino que más bien presta una labor samaritana totalmente altruista, en que ayuda a los afligidos que están pasando por el trance de haber perdido a un ser querido.

Sentado a la mesa con el plato humeante piensa, "el muerto al hoyo y el vivo al bollo".

El síndrome de Diógenes

En la sala habilitada para el ataúd de Onofre, se da la paradoja que llama la atención a Rufino y Celedonio, de que no hay absolutamente ninguna corona de flores. Extrañados por la particularidad, se dirigen hacia la única persona presente en la sala mortuoria, que es el vecino del fallecido.

Celedonio le pregunta al susodicho, ¿sabe usted si va a venir más gente?

-Pues siendo sincero, no creo que nadie más acuda a velar a Onofre. –dice el vecino.

-Ah, ¿y no tenía familiares y amigos? –dice Celedonio.

-Pues verá Onofre, aunque era buen hombre, era en el fondo muy huraño y se relacionaba muy poco. –dice el vecino.

-O sea, ¿solo le tenía a usted por amigo? –dice Celedonio.

-Sí, ya que era el único vecino puerta con puerta con su casa. –dice el vecino.

Celedonio piensa para sus adentros, vaya hombre más raro debía de ser, al punto de vivir tan aislado que no se relacionaba con nadie, salvo ese vecino.

-¿Y dígame usted, Onofre no tenía hijos, esposa o familia? –dice Celedonio.

-Pues no señor, fue un hombre un tanto particular, que ni se casó, ni tuvo hijos y si tenía familia, yo jamás la vi en 40 años que le conocía. –dice el vecino.

-Ya lo creo, porque según me han llegado noticias, lo encontraron muerto en su casa, al sentir su ausencia de hacía días. –dice Celedonio.

-Sí y le voy a contar algo, era un hombre muy tacaño, motivo por el cual creo que por eso jamás se casó ni tuvo hijos, ya que serían una fuente de gastos. –dice el vecino- Tanta era su tacañería que cualquier trasto que encontraba por la calle se lo llevaba a su casa.

-¿Sufría de síndrome de Diógenes? –dice Celedonio.

-Pues sí, tanto es así, que la policía se vio forzada a derribar la puerta de su casa el día que murió, ya que tenía tanta mierda acumulada, que no permitía abrirse la puerta con soltura. –dice el vecino.

-Caramba con el señor. –dice Celedonio.

-Fíjese que cuando se lo llevaron a la morgue para realizarle la autopsia, tuve que revolver mucho entre la ropa que tenía amontonada en el armario. –dice el vecino- Para encontrar algo medianamente decente, para entregárselo allí a los empleados encargados de vestirlo para llevarlo al Mortuorio.

-¿Y eso a qué se debe? –dice Celedonio.

-Pues a que el señor, que Dios me perdone, era un guarro. –dice el vecino- Y los calcetines que tenía, tuve que revolver mucho para encontrar unos que no estuviesen llenos de "tomates". –dice el vecino- Y los calzoncillos toda una hazaña, encontrar unos que no estuviesen manchados de "palominos".

-¿O sea no era amigo del agua? –dice Celedonio.

-No sé si era por eso o era porque era muy mayor, ya que con 98 años, como no tengas alguien pendiente de ti, vas mal aseado. –dice el vecino.

-¿Y el señor era así, porque carecía de posibles? –dice Celedonio.

-Qué va, tenía dinero a espuertas, ya que yo era el encargado de pagarle los tributos por todos los inmuebles que tenía. –dice el vecino- Como no gastaba en nada más que lo esencial, tenía también una suculenta cuenta bancaria. –dice el vecino.

-Que curiosa es la vida, vivir como un miserable, amasar una fortuna, para al final morir solo y dejárselo todo a Hacienda.

Revolviéndose Leocádia

Postrada sobre el ataúd, la mujer de Geroncio parece reprocharle, pero no por su dolor, sino por el cabrón de su yerno.

Parece ser que para el ser humano, el dinero es el epicentro de su vida. Y Leocádia no era una excepción, en lugar de mostrar el dolor por la pérdida del marido, no, se estaba acordando del marido de la hija.

Y en su diálogo post-mortem, le cuenta a Geroncio del mal partido que hizo la hija, al haberse casado con un gañán.

Impertérrito Geroncio, parece escucharla plácidamente, con su color amarillento. Mientras Leocádia se desgañita en desahogarse. No sin recriminarle al marido, lo impasible que se muestra, ante la gravedad del asunto.

Vamos yo contándote esto y tú, como si no fuera contigo la cosa. Señal inequívoca, que se tarda un tiempo, en asumir la realidad de que se ha perdido a un ser querido o no tan querido.

Pero ella continúa con su incontinencia verbal, explicándole detalladamente las tropelías que comete el marido de la hija, dilapidando alegremente el dinero que tanto sacrificio les había costado dejar a su hijita del alma. Pero llega a exasperarse, al recriminarle al marido, que no dice nada.

Atacándole con vehemencia, claro tú cómo fuiste toda tu vida el típico calzonazos, te da todo igual, por eso ni te inmutas.

Oyendo un constante murmullo, Celedonio se acerca hasta Leocádia, preguntándole, ¿señora usted se encuentra bien? Y ésta le contesta, verá le estoy contando a mi marido, del gañán que nos ha salido el marido de nuestra hija.

Ante la respuesta inesperada, Celedonio piensa para sus adentros, otra loca más. Contemplándola con discreción, como sigue con su diálogo con el difunto. Pues en sus años de Mortuorio ha visto de todo en la fauna humana, pero hay cosas que rayan lo absurdo. Cosa que muchos no sabrán y es, que eso de "hablar con el muerto" es mucho más común de lo que se pueda creer.

Celedonio, le ofrece amablemente a la señora, si quiere un vaso de agua. Ya que la incontinencia verbal del momento, probablemente provocada por el trance por el que está pasando la esposa del difunto, le resecará la garganta. Pero ensimismada cómo está en su diálogo, ni le ha oído, pero Celedonio no insiste y encogiéndose de hombros, piensa, cada loco con su tema.

La reina del lupanar

Divina era mujer, que venida del pueblo a la gran ciudad, se dio cuenta, que el más antiguo oficio del mundo, era más rentable que ponerse a servir en una casa. Mujer semianalfabeta, demostró gran astucia para saber explotar el "negocio que tenía entre las piernas".

No se le conocía familia, salvo los tres hijos que tuvo de diferentes hombres, por gajes del oficio. Sin embargo Rufino y Celedonio, estaban sorprendidos, por el gentío que pululaba alrededor del féretro. Qué estaba destapado, por la numerosa asistencia de los presentes en querer verla.

Resaltaba la proporción tan abrumadora de hombres, frente a las escasas mujeres que había. Que debido al cuchicheo constante, se pudo averiguar que casi todas, eran antiguas compañeras de oficio. Las pocas esposas que acompañaban a sus maridos, trataban de saciar su curiosidad, preguntándoles a Celedonio y Rufino, sobre la misma. Cosa que éstos haciendo gala de su discreción, les respondían, que era una servidora. Y aunque las esposas de los presentes, se quedaban como estaban ante la intriga, dando por buena la respuesta, ya que no querían que con su insistencia, fuesen a quedar como cotillas.

En medio del gran alboroto, se escapaban risas, de los "fieles clientes". Pues Divina, tuvo larga carrera prolífica, con clientes fijos en sus últimos años, que le habían retirado del ajetreo de su juventud. Y éstos, es evidente que la tenían en gran estima, puesto que siendo casados la mayoría de ellos, no escatimaron correr el riesgo de ser vistos en la despedida de la gran meretriz, pudiendo irle alguien con el cuento a sus esposas. Señal inequívoca de los buenos momentos que les hizo pasar Divina, en medio de su regazo. Y en gratitud también, por haber sido ella la diva, que les permitió dar rienda suelta a sus fantasías, que sus puritanas esposas les habían negado. Haciéndoles plausibles soportar, sus tediosos matrimonios.

Allí estaban rindiendo su último tributo, esos hombres, que por sus necesidades carnales tantas veces habían solicitado sus servicios. En reconocimiento a su gran discreción con que ejerció su profesión.

Rodeada de flores, se le veía su rostro de abnegada servidora que había tenido siempre. Quizá con las facciones algo marciales, por el efecto del "rigor mortis". Aunque era mujer, que a pesar de sus años, había conservado siempre su angulosa cara, que la hacía siempre reconocible.

Mientras entre el público masculino presente, a más de uno se le escapaba alguna leve sonrisa, probablemente por el advenimiento en el pensamiento de alguna anécdota vivida con la presente difunta. Mientras que a otros, a saber por qué razones se les notaba compungidos, probablemente al contemplar el inexorable camino que a todos nos espera.

Como no podía faltar, salta el comentario jocoso de…

"Le dio en vida, buen uso a la fábrica que le dotó la madre naturaleza entre las piernas, pero ya ves, hasta después de muerta, la presencia de sus clientes confirman lo bien vista que estaba, ya que fue puta en vida y puta venerada después de muerta, que los puteros hasta la honran en la despedida".

El entierro del patrón

Es día de gran jaleo en el Mortuorio, ya que por lo visto, ha muerto un gran empresario de la zona. Ese grande, hay que interpretarlo por su gran suma dineraria, no por haber sido una gran persona. Era bien conocido en la zona, pues tenía una empresa con más de 5.000 empleados.

Ángel se llamaba el susodicho, que por una fatalidad del destino, sus padres le pusieron un nombre nada acordé con su persona. A rebosar estaba el Mortuorio, por el gentío de empleados. Qué no habían acudido precisamente por la gran empatía con el mismo, ya que tenía fama de desposta, miserable, cruel; etc. Tanto es así, que en los corrillos de los empleados no pelotas, se le conocía por el mote de Luzbel. Pero había que cuidarse muy mucho de quedar a bien, ante el hijo del finado, ya que él, sería el que llevaría las riendas a partir de ahora. Empresa que con puño de hierro había forjado su padre. Y ya se sabe, en situaciones como esas, hay que mantener las apariencias. Pues salvo esa corte de "chupópteros", que hay en todas las empresas, que tienen el puesto de trabajo asegurado ya que son parte del organigrama del sindicato amarillo, los demás pueden ver peligrar su puesto. Ante los posibles cambios de aire que pueda querer implantar el pupilo.

Ahí está Ángel (Luzbel) de cuerpo presente, rodeado por tal cantidad de coronas de flores, que casi ni se atisba el féretro. Algunos se distraen leyendo las bandas de las coronas, con esas cursilerías que se suelen poner como, "Tus empleados no te olvidan", "Fuiste un patrón ejemplar", "Nunca te olvidaremos", "Dios te llevó junto a él, por bueno; etc. Cuando en realidad, la mayoría se regocija pensando… Menos mal que nos libramos de ti, cabrón, Menudo hijo de puta eras, Te perderemos en el pensamiento, Ojalá estés calentito haciendo compañía a Satanás; etc.

En el ambiente se respira tensión, por esa lucha expansiva de liberación de haberse librado del ogro, mientras se ven obligados a guardar las formas, no se vaya a notar su nivel de satisfacción. Al fin "cambia el perro, pero el collar es el mismo". Pues "el cachorro del ogro" es el sucesor en la empresa. O sea un cabrón bien adoctrinado por el padre.

Llega la hora, meten el ataúd en el coche de "el último viaje" y parte la numerosa comitiva, camino del cementerio. Al llegar, empiezan los últimos responsos. Porque aunque fue un cabrón en vida, el finado, se consideraba un buen católico, ya que según él, seguía los preceptos a rajatabla. Por lo tanto su familia, no le iba a privar de un entierro como Dios manda.

Arremolinados alrededor de la sepultura, los presentes empiezan a oír la homilía del sacerdote…

Señor, ten a tu vera a ese buen hombre, que partió a tu lado. Te lo llevaste junto a ti, por ser merecedor de los justos. Como buen cristiano, agasajado estará entre tus brazos; etc. Mientras entre el murmullo, se oyen frases interrogativas de desaprobación en voz baja. ¿Buen hombre?, ¿Buen cristiano?, ¿Merecedor de los justos? ¡Ese cura no sabe lo que dice!

El sacerdote sigue a lo suyo, purificando al difunto con el incienso de acá para allá. Cuando de repente salta un espontáneo…

¡Si fuese tan buen cristiano, no le estarían ahumando como una panceta! Oyéndose escapar alguna risa.

El entierro de un ángel

Por la manera de vestir de la difunta, se nota que la familia es de alto postín. Rodeando los presentes el ataúd blanco inmaculado, asoma el rostro aporcelanado de la niña, en medio de la inmensidad de pétalos blancos, que envuelven su cuerpo. Los padres acertaron a la hora de ponerle el nombre, ya que se llamaba María de los Ángeles, pues su rostro reflejaba un halo angelical.

La niña había muerto a la tierna edad de nueve meses, a causa de una meningitis, en un tiempo en que las enfermedades infecciosas, hacían estragos en las familias.

Pero lo escabroso del asunto es, que se dio la paradoja de que había fallecido una hermana de ésta, dos años antes, a causa de una disentería a los seis meses, llamada María de los Ángeles. Y un año después el padre de ambas a causa de tuberculosis, dejando a la madre en cinta de esa segunda niña, que vino a nacer póstumamente al padre.

Seguramente la madre abatida por el dolor de la pérdida de su hija y de su esposo en tan corto espacio de tiempo, decidió volver a ponerle María de los Ángeles a su hija póstuma al padre, como en homenaje a la hija fallecida antes de ésta.

Entre los presentes, no se hablaba de otra cosa, pues el tema era hablar de la muerte que se había cebado con la familia, en tan corto tiempo. Mientras el sollozo de la madre enlutada, era constante junto al féretro. Pues a veces el destino es demasiado cruel tocándole a uno sin piedad.

Se oye a los presentes decir, pobrecita, que desgraciada ha sido, primero una hija, al año el marido y meses después, la otra hija. Desde luego tiene el cielo ganado, ante tanta desgracia. Mientras se miraban los familiares, asintiendo.

Sí, parece como si el destino le hubiese reservado a esa buena mujer, que jamás tendría una niña llamada María de los Ángeles.

El hombre reflexivo

Rodeando el ataúd de Robustiano, se encuentra su numerosa familia, ya que fue hombre muy prolífico, teniendo trece hijos. Por lo visto, el señor no sabía hacer otra cosa, aparte de trabajar. De ahí que su familia rodease el centenar, entre nueras, yernos, nietos, bisnietos; etc.

Su figura oronda delata que debía ser hombre de buen diente, pues además de su afición a tener hijos, no queda duda de que, engulló en vida buenos manjares con satisfacción. Así lo acreditan aquellos que fueron comensales junto a él, que decían que era todo un espectáculo verle comer. Viéndose desaparecer varias viandas entre sus fauces, así como botellas de vino que tragaba con sonoridad.

Pero ya ves, comenta uno de los presentes, además de haber sido buena alimaña comiendo y engendrando, eso no le impidió acabar con el destino inexorable de los mortales. Y ahí yace apretado en el ataúd, que parece que le han tenido que meter a presión.

Su esposa, a la cual no se puede atisbar bien si está compungida por la pérdida o mantiene las apariencias junto a las demás mujeres de la familia, que a veces hacen recordar tiempos pasados. Cuando había plañideras, que no paraban de llorar y suspirar durante el tiempo de velatorio.

Pues no hay duda, que a pesar de que algunas suelten lágrimas de cocodrilo, bien aliviadas se quedan cuando se libran de las acometidas en el lecho, del que ha partido para el más allá. Ya que hay hombres, que parece que necesitan meter "el pistón" todos los días, vamos como el que almuerza o hace un buen yantar diario.

Los más allegados, reflexionan sobre cómo había sido la vida de ese que yace frente a ellos. Al fin, su vida se resumía en trabajar, comer y follar como un verraco. Qué tristeza de vida, decía alguno. Solo suplía sus instintos más primarios. Mientras que otro de los presentes le rebatía, así es el ser humano, cada uno cree que vive de la manera correcta, aunque sean muy dispares, cada uno vive su verdad.

Pues ya ves, que verdades más incompletas viven algunos. En que solo saben dar rienda suelta a sus instintos más animalescos. Ya, pero hasta que llega "La Parca", todos creen que han administrado su vida de la forma más correcta. Muy pocos son los que reflexionan, pero esa reflexión en los que llega, lo hace demasiado tarde, cuando ya es imposible dar marcha atrás.

Pero así es el ser humano, siempre se cree en posesión de la verdad y de nada vale aconsejarle, ya que solo se aprende por propia cabeza.

Costándole su esfuerzo, los encargados de llevar el féretro, se acuerdan de la madre del finado, por su voluminoso peso, ya que metido a presión cual salchicha en el ataúd, da la sensación que va a saltar la tapa del mismo. Por fin consiguen meterlo en el furgón del "último viaje". Haciendo el comentario mientras se encaminan al cementerio, éste debido a sus dimensiones, nos va a costar meterlo en la sepultura, ya que es una sepultura con más de cien años. Y en aquel tiempo las personas no tenían el tallaje de ahora y además con lo gordo que está le han tenido que meter en un ataúd de talla especial. Bueno, ya se verán con el problema, los sepultureros, a nosotros eso no nos incumbe.

El necrófilo

El día parece tranquilo en el Mortuorio, mientras Rufino y Celedonio siguen con sus quehaceres habituales. En una de las salas se halla depositado el féretro de una joven de 19 años, que ha fallecido a causa de un atropello. Por su experiencia, se encuentra bastante bien de aspecto, pues lo normal es que lleguen bastante deteriorados sus cuerpos.

Sola se encuentra, pues no ha llegado ningún familiar. Apercibiéndose que lo único que se nota es, alguien que merodea alrededor. Lo que llama la atención de Rufino y Celedonio, como responsables del Mortuorio, ya que les resulta extraña su actitud.

Pasado un rato observan que se sienta, frente a ella como en actitud reverencial. Pensando, pobre hombre estará muy impactado por la pérdida. Su mirada es fija, como si estuviese hipnotizado por el cadáver, como si fuese algo obsesivo.

Se acercan hasta él, para preguntarle si se encuentra bien. Obteniendo por respuesta, es mi novia. Haciéndoles conmoverse la manifestación de dolor, lo que les da la explicación del porqué ese hombre se comporta así.

Pasado un buen rato, se vuelven a interesar por el hombre con el que habían mantenido una conversación, mientras éste veneraba a su novia difunta. Pero oh sorpresa no encuentran a ambos. Han desaparecido el cadáver y el hombre que le hacía compañía. Se monta el revuelo entre Rufino y Celedonio, ya que como responsables, como han podido permitir que desaparezca un cuerpo del Mortuorio.

Nerviosos como están, salen disparados a los jardines exteriores del recinto, en búsqueda de la explicación, de la desaparición. Empezando a escudriñar, ya que no es posible, que haya desaparecido el cadáver de la chica en tan corto tiempo.

Después de ir repasando arbusto a arbusto, dan con una situación dantesca, al encontrarse al hombre yaciendo sobre el cadáver de su novia.

-¿Pero qué hace hombre de Dios? -dice Celedonio.

-¡Déjenme en paz con mi amada! -dice el hombre.

Comprobándose que el hombre no está en su sano juicio le dicen…

-¡Usted está loco señor! -dice Rufino- ¿Es que no se da cuenta que está muerta?

-Déjenme en paz, déjenme en paz, estoy con mi novia. –dice el hombre.

Como no atiende a razones, se disponen a separarlo del cadáver. Mientras él no para de besar la difunta. Poniendo empeño en ello, con gran esfuerzo consiguen que la suelte. Usando la fuerza, ya que parece estar fuera de sí. Llevándoselo para recluirlo en un cuarto hasta que lleguen las autoridades pertinentes.

Poniéndose en contacto telefónico con la dirección del Mortuorio, mientras tratan de explicar lo sucedido, sus superiores les recriminan, que la madre de uno de los fallecidos ha venido a interpelarles, qué ha sido de su hija, que se ha encontrado el ataúd vacío.

-Un hombre que velaba el cadáver de una mujer que decía ser su novia, ha sido el responsable de todo. -dice Celedonio.

-¿Y dónde está el cadáver de la finada? -dice el superior.

-Está en el jardín, detrás de un arbusto. -dice Celedonio.

-Pues que sea restituido inmediatamente a donde estaba. -dice el superior- Que daré cuenta de lo sucedido a las autoridades.

-Bien, señor. -dice Celedonio- Pero no se olvide de pedir un psiquiatra, también.

-¿Para qué? –dice el superior.

-Pues para que se haga cargo de un hombre que ha perdido el juicio. –dice Celedonio.

Vuelven al jardín, a buscar el cadáver de la finada, que por el rigor mortis, parece que Celedonio y Rufino están transportando un maniquí. Procediendo a su lavado y acondicionado antes de devolverla al féretro del Mortuorio.

Cuando proceden a depositar nuevamente a la difunta en la sala correspondiente, se encuentran con gran comitiva en la que destaca una mujer. Pues mientras acomodan el féretro Celedonio y Rufino, no para de hacer aspavientos en medio de todos.

-¡Mi hijita!, ¡Mi hijita!, ¡Mi hijita! -dice la madre- Ni siquiera después de muerta te dejan descansar en paz.

Inconsciente ella, de hay personas con trastornos mentales, que son víctimas de la necrofilia, trastorno que hace que se sientan atracción por tener relaciones sexuales con cadáveres. Cosa que justamente ha pasado con el novio de su hija difunta.

Mientras contemplan a la madre, Rufino y Celedonio, hablan entre ellos de los intrincados caminos a los que lleva la mente humana. Qué les ha hecho vivir, algo que jamás habían experimentado antes, en toda su experiencia laboral, en el Mortuorio.

En deuda con la muerte

Allí yace en medio de la sala habilitada, una anciana, que tiene un aspecto terrorífico, con una cara de bruja imponente. Rufino y Celedonio están impresionados, pues es de esos rostros que marcan, que sin duda acarreará tener pesadillas a la hora de dormir.

Los familiares y conocidos están allí alrededor, con los comentarios que se producen en todos los mortuorios. Pero hay que destacar, que si se observa a los presentes, se percibe en su mirada hacia el ataúd, como cierta aprensión que les impone la difunta. Como si en ésta, hubiesen quedado impregnados en su rostro, los últimos estertores de la muerte.

Los comentarios como es obvio, no son buenos, ya que sólo hacen que recalcar, lo mala persona que fue en vida. Pues era envidiosa, intrigante e interesada. De entre estos, destacan los del yerno, que siendo el que más debería guardar la compostura por los vínculos familiares, no se "corta un pelo" en poner "a caer de un burro" a su suegra. Como si justamente en ese momento que suele ser angustioso para la mayoría de las personas, para él fuese un momento de liberación, de vengarse de alguien que tuvo que soportar por muchos años, esa bruja por suegra.

Pero así son las cosas, las ganas de desquite provocan esas reacciones expansivas en el ser humano, como forma de evasión de la angustia contenida. Que nos hacen muchas veces, descuidar el guardar las formas.

Por eso el yerno, se siente en deuda con la muerte, ya que le ha librado de seguir padeciendo las artimañas de la arpía que tanto desasosiego le provocó a lo largo de los años. Tanto es así que su rostro delata su satisfacción, que es percibida por los presentes.

Y sabiendo lo pécora que había sido esa mujer, hasta se les hacía entendible dicha reacción. Pues la señora podía presumir de haber dejado esta vida, sin guardarle nadie estima y que no yacía sola en el Mortuorio, por el tan recurrente qué dirán, entre familiares y conocidos. Pero así es la vida, recogemos lo que sembramos al final. Y esa señora, queda claro que no sembró más que odios y antipatías.

Por fin para otros ha llegado la paz, con la muerte de esa mujer, bien haya ido al cielo o al infierno, según los creyentes. O sea nunca podrán estar más agradecidos que la hayan acogido donde esté.

Asegurando el más allá

Ese error lo cometen muchas personas, que en medio de la vorágine de la vida, en sus ansias por lograr la seguridad económica, consumen la vida en acaparar todo lo material posible. Y algunos se dan cuenta que la han consumido en el intento, pero otros ni eso siquiera, ya que "La Parca" les ha sorprendido mientras.

Muestra de ello es Florindo, que transcurrió toda su existencia luchando a brazo partido por lograrlo, hasta que un día su corazón le dijo, hasta aquí hemos llegado. Sin ni siquiera darle tiempo al pobre de que la vida le había puesto punto final. Y eso nos pasa, porque aunque decimos que somos conscientes de que somos finitos, en realidad tenemos la seguridad de que eso nos llegará muy tarde, después de haber realizado la empresa de la vida.

Ahí está Florindo, vídeo como un palo, sirviendo de espectáculo a los que le conocieron. Ya que como suele pasar en todos los entierros, la comidilla es hablar de la vida del finado. Donde por cierto, "se sacan todos los paños a lavar", no dejando títere con cabeza.

Por lo visto, aunque cuando alguien muere, todo son alabanzas hacia el que ha partido de esta vida, con lo bueno que fue; etc. Florindo tenía fama de tacaño, avaricioso, miserable y mala persona. Ser huraño donde los haya, no era precisamente valorado, ya que de estos engendros que crea la naturaleza, que no merecían siquiera haber vivido. Ya que su vida se resumía en ser una máquina de generar dinero, para no gastarlo.

A pesar de lo rico que era, siempre vistió ropa raída desgastada. Pasando inclusive para los que no le conocían, a pensarse que se trataba de un mendigo. Así es la vida, algunos avalarán sin saber muy bien la razón, al fin no tienen siquiera descendencia que herede. Pero eso a ellos les da igual, son así y como tal morirán. Y así se repite la historia y vuelve a empezar, como si fuese una película que ya hemos visto otras veces.

Eso sí, si es que Florindo puede ver la escena, desde dónde se halle, no perdonará a la familia que haya dilapidado tanto dinero en su ataúd. Porque desde el más allá, no concebirá ese gasto en uno de maderas nobles, cuando se podía perfectamente haber metido en uno de pino. Además de no ser acorde con su modo de vida que llevó, ya que impactará semejante lujo en alguien que vivió como "un pordiosero".

La Bella durmiente

Como si estuviese adormecida en un profundo sueño, allí yace Adelaida, una joven cuya vida fue sesgada a la edad de 15 años, en la flor de la juventud. Con su blancura nacarada, da la impresión que resplandece un halo a su alrededor; a semejanza de las mujeres del siglo XlX que bebían vinagre para tener esa tez pálida, que era signo de elegancia. Pero no es el caso de la joven, cuya palidez es producto de una leucemia que le ha devorado los glóbulos rojos.

De familia de alto postín, sus rasgos marcan la finura, del pedigrí del cual procede. Con sus familiares hablando en voz baja, expresa cada cual su parecer con la tragedia. Ya que se les hace difícil digerir, que una joven a la cual la vida prometía todo, una enfermedad la haya arrancado de ella.

Era símbolo de admiración, por haber sido una estudiante notable, con unos modales modélicos, producto de su educación esmerada, bellísima; etc. Sin embargo ya ves, envuelta en su ropa glaseada, que envuelve su magra palidez, da la impresión de ser una bella durmiente a la espera que un príncipe la bese, para recobrarla a la vida.

Con el dolor de la situación, sus familiares rodean el féretro, como tratando de eternizar el momento, antes de la partida de la joven para el más allá.

Horroriza imaginar que alguien que posee ese aire angelical, en unos días su cuerpo será devorado por los gusanos, desapareciendo ese ser que la naturaleza dotó de tal perfección.

Su madre con la mirada perdida, contempla como se consume un velón al igual que se ha consumido la vida de su hija. Su marido trata de reconfortarla, infundiéndole la esperanza en base a sus creencias religiosas, que se reencontrarán con ella en un futuro.

Como testigos de innumerables situaciones, son observados por Rufino y Celedonio, que como garantes del Mortuorio, han visto esa misma situación repetida infinidad de veces.

Ellos mismos son conscientes de la pérdida de un ser querido, pero la vida te curte y acabas viendo la muerte con total naturalidad. De lo contrario sería imposible ejercer ese oficio.

Desollar al muerto

Allí rodeado de innumerables coronas de flores, yace el féretro de una mujer que fue muy devota en vida y que siempre procuró atender a los desvalidos. Como atestiguan los presentes, que no hacen más que manifestar los actos altruistas de Devoción, recordando sus actos de bondad hacia el prójimo.

Pero como suele pasar, siempre hay alguien dispuesto a desollar aunque sea un santo. Por eso Rufino y Celedonio, acostumbrados por sus años de oficio, escuchan atentamente la basura que trata de verter una envidiosa hacia la finada.

Sagrario, a la cual sin duda, sus padres inconscientemente le pusieron el nombre equivocado, va defenestrado la figura de Devoción. Y comenta, ella fue muy dada a querer siempre resaltar sus acciones bondadosas, pero no eran acciones desinteresadas, ya que siempre quiso asegurarse su pasaporte hacia el cielo.

Entre los presentes, las miradas se entrecruzan, como en señal de desaprobación, al considerar que no es el momento ni el lugar, de proferir comentarios denigrantes hacia alguien que ya no está entre los vivos para defenderse.

Pero la envidia y el odio debía ser grande hacia la fallecida, para que Sagrario en su incontinencia verbal, continuase con los descalificativos.

Hasta que salga un espontáneo…

-Ya está bien señora, es una lenguaraz que no tiene el más mínimo respeto, no sabiendo guardar ni las formas ni la compostura, hacia los presentes. -dice el espontáneo- Si tuvo en vida de la finada, sus más y sus menos, hubiese vertido la basura entonces, cuando podía haber defendido su honor. ¡Cállese! Es lo mínimo que debe de hacer so bruja.

Disimuladamente Sagrario se retira cabizbaja entre los presentes, toda ruborizada ante la reacción inesperada.

Viéndola partir, otro espontáneo hace el comentario…

-¡Hay que joderse! -dice el espontáneo- Que el ser humano critique siempre, hasta las personas que solo hicieron el bien en vida.

Rufino y Celedonio asienten, confirmando que así es el ser humano de malo, que su sed de venganza la llevan hasta más allá del post-mortem.

El rico mendigo

Raimundo, era muy conocido en el barrio, por eso hay semejante gentío en el Mortuorio. Seguramente pensarán, debía ser un hombre importante, ya que son los que hacen esos entierros populosos. Pero no, Raimundo era el mendigo del barrio, algunos le conocían desde hace treinta años. Era especial, aunque siempre iba como un zarrapastroso, jamás se metió con nadie, al revés era reverencial con las señoras, ofreciéndose siempre para ayudar a las señoras para subirles la compra a aquellas que ya les suponía una tortura afrontar los escalones. Al fin él sabía que siempre le caería una moneda en el bolsillo.

Su vida, era un completo misterio para la inmensa mayoría, ya que sólo los más veteranos sabían de ella. Según se comentaba, de joven había estado casado y era director de un banco, pero los avatares del destino le llevaron a acabar viviendo en la calle, al ser abandonado por su mujer, lo que me trastocó por completo. Consecuencia que provocó su despido del trabajo, al no ser capaz de superar su depresión.

Siempre iba con su zamarra llena de zurcidos y unos pantalones grises parduscos, con unas voluminosas barbas blanco amarillentas. Eso sí, no le faltaba nunca su sombrero de capataz, que le daba una apariencia de bonachón.

Ahí yace inerte, con esos transeúntes que le rinden el último homenaje a ese hombre que durante tantos años saludaban siempre en el mismo lugar de la calle.

Entre los curiosos, se hacen preguntas sobre su vida, detalle que jamás se les pasó por la cabeza preguntarle, aunque pasaban delante de él todos los días a lo largo de los años. Será por aquello de que solo cuando alguien fallece, se despierta nuestro interés, sabedores de que no le volveremos a ver.

Se oyen preguntas del tipo, de dónde vivía, quién cuidaba de él, dónde dormía; etc.

Por lo visto, a raíz de su depresión por su separación, se volvió un bohemio que prefería vivir en la calle y comer de lo que encontraba en los cubos de basura. Tenía una hermana que se preocupaba de él, dándole cobijo y comida caliente los días más rigurosos de Invierno.

Pero como era un alma libre, prefería dormir al raso, contemplando las estrellas, en cuanto mejoraba tiempo.

Ella también era su administradora, desde que "se le había ido la olla". El piso que se había comprado en sus tiempos en la banca pasaría a ser herencia de sus hijos. Curiosa situación, en su día se compró una vivienda a modo de tener un techo propio y sin embargo pasó casi toda su vida durmiendo al raso. Y por ende, sus hijos que nunca quisieron saber del padre, se encuentran que ahora son herederos.

Mientras aguardan el coche "del último viaje", el vecindario ha ido desgranando y enterándose de la vida de Raimundo. Lo cual ha sorprendido a muchos, al descubrir que habían tenido un rico mendigo por vecino. Son las situaciones que nos pasan, por nuestro individualismo cada día más acentuado. De no enterarnos del vecino de al lado.

La máscara mortuoria

Hay gran alboroto en el día de hoy, ya que en una de las salas está instalada Eduarda, mujer que ha alcanzado la friolera de los 98 años y al ser de familia de alto abolengo, es entendible la gran cantidad de gentío.

Fue mujer muy guapa, según aquellos que la conocieron en sus tiempos jóvenes. Llegando inclusive a ganar varios concursos de belleza. Y como tal muy presumida, ya que siempre andaba embadurnada de potingues. Su sesión de salón de belleza no fallaba, estando todos los viernes como un clavo a la tarde. Al ser mujer con posibles, lo cual le permitía tener mucho tiempo ocioso, su culto al cuerpo era obsesivo, retocándose constantemente.

Los que la veían por la calle, sentían la sensación de que iba más tiesa que un palo, teniendo especial cuidado de no ceñir el ceño. Para evitar que se le fuesen a marcar los signos de su rostro. Al objeto de tenerlo siempre sin arrugas, que no fuesen a afear su belleza.

En medio del murmullo, salen los comentarios habituales, que no suelen faltar en esas ocasiones. Y como casi siempre es, despellejando a la difunta. Con comentarios sobre su obsesión por mantenerse siempre bella. Ya ves, Eduarda que siempre fue muy obsesiva con asuntos sobre la belleza, se horrorizaría si se viese ahora, solo de imaginar que en unas horas los gusanos empezarán a deteriorar ese rostro al que tanto tiempo dedicó por mantenerlo y no quedará rastro de él.

Pero oh sorpresa, aparece un hombre con bata blanca que se abre paso entre el gentío, extrañando mucho a los presentes. Alcanzando ponerse a la vera del féretro de Eduarda, que con su rostro tieso como si se conservase en formol, impone a los que la miran. Estupefactos, observan como dicho hombre extrae de su bolso una masilla tipo arcilla, la cual extiende cubriendo por completo el rostro de ésta. Extrañados algunos preguntan, de qué se trata. Respondiendo uno, una de las condiciones de Eduarda fue, que se hiciese una mascarilla mortuoria para que su rostro se perpetuarse. Soltando otro, presumida fue, pero hasta después de muerta.

La boda post-mortem

Jean-Paul y Vivianne eran la típica pareja que vivía en España, donde por razones laborales se conocieron. Como en su proyecto de vida estaba vivir aquí, se habían comprado una casa y ya tenían la fecha marcada para el enlace. Pero el destino se truncó de repente, por medio de un accidente de tráfico, que acabó con la vida de Jean-Paul.
En su terrible dolor, Viviane no admitía que el destino le hubiese jugado esa pasada, que le arrebató su amado. Cómo no se iba a resignar, decidió pedir permiso a su país para la validez del enlace post-mortem. Encargándose que el cuerpo de Jean-Paul se conservase

refrigerado hasta la fecha. Habiéndose ya hechas las amonestaciones y temiendo la fecha ya marcada del enlace, todo continuó su curso, pues el enlace tenía fecha para siete días después de la tragedia.

Una semana despúes, en el Mortuorio, Rufino y Celedonio se quedan pasmados al pasar por una de las salas, al observar que hay un ataúd con una mujer vestida de novia con un vestido completamente blanco, con velo cubriendo su rostro. Atónitos deciden prestar atención, ya que los familiares presentes, padres de la respectiva pareja, visten de rigurosa forma para una boda. Aparece el señor embajador de Francia, para celebrar el enlace, con los padres de los novios como testigos, de la voluntad de ambos novios, de casarse.

Como una situación dantesca, el novio sujeta de la mano a la novia cadáver, mientras se celebra el enlace.

Rufino y Celedonio se miran entre sí, diciendo en voz baja… Hay que joderse, bien ciertos son los refranes, que nunca de acostarás sin saber algo más. Una boda entre una muerta y un vivo, ver para creer.

Y para el colmo, una vez finalizada la ceremonia, Jean-Paul, levanta el velo y besa a la novia.

Rufino y Celedonio se vuelven a mirar y dicen, ya son marido y mujer. Sí dice Celedonio, ahora solo falta que los presentes digan, ¡viva los novios!

Vivir para trabajar

Hay un silencio sepulcral en la sala que hay al fondo del Mortuorio. En la más completa soledad está el féretro de un hombre, el cual tiene por nombre Severo. Han pasado las horas y Rufino y Celedonio están extrañados de que nadie haya comparecido junto al difunto.

Pasan las horas y a eso de las 15:45 h, se presenta un sacerdote preguntando por el susodicho. Rufino y Celedonio le indican la sala que ocupa en el Mortuorio. Acercándose el mismo hacia donde está el féretro. Movidos por la curiosidad, preguntan al señor cura, sobre el mismo, Rufino y Celedonio.

-¿Padre, no tiene familia? -dice Celedonio.

-Si hijo si, pero como si no la tuviera. -dice el cura.

-¿Y a qué se debe dicha soledad? -dice Rufino- Pues a lo largo de todo el día no ha aparecido nadie.

-¡Ni aparecerá! –dice el cura.

-¿Y eso? -dice Celedonio.

El señor cura se sienta y se dispone a contarles la historia de Severo, con el féretro allí delante de ellos. Explicándoles que el susodicho, siempre había sido un hombre arrogante, que solo vivía para trabajar, como haciendo honor al nombre que le habían puesto sus padres.
Se había casado y tenido cuatro hijos, pero en la crianza de éstos y la relación con su mujer, había sido muy escasa. Ya que siempre llegaba de trabajar de su taller a altas horas, llegando a casa, cuando ya todos dormían.
Los desencuentros que tuvo en vida, con familiares y amigos, por el excesivo número de horas que dedicaba al trabajo, siempre los rebatía, alegando que solo lo hacía por el bien de la familia. Y así fueron transcurriendo los años, en que casi no hablaba con su mujer, salvo "el sabadete". Pues cuando los demás estaban despiertos, él estaba en el taller.
De manera que sus hijos fueron creciendo, sin apenas padre. Pues siempre tenía alguna excusa para irse al taller los sábados y domingos. Por más que le recordaban que se estaba perdiendo la vida por culpa del cochino dinero, ya que invertía sus horas en solo trabajar y trabajar,

le daba igual, solo hablaba que estaba invirtiendo en el porvenir de los suyos.

Esa manera de proceder le fue apartando de los suyos, familiares y conocidos. De forma que acabó completamente aislado, por el puto dinero. Ya que no hacía vida social con nadie, no acudiendo a bodas, cumpleaños, bautismos y ni siquiera a entierros. Pues siempre ponía la excusa del trabajo.

Su mujer, cuando los hijos ya estaban criados, le abandonó, argumentando que había aguantado por sus hijos. Ya que, de que le valía un marido que llegaba a casa cuando todos dormían, que no iba nunca de vacaciones, ni hacía vida social. Que el único trato que no fallaba era cuando la copulaba, los "sabadetes".

Su forma huraña, fue espantando de su alrededor a todo el mundo, ya que parece ser que su único pasatiempo era invertir horas en trabajar para ganar dinero.

Un día en el taller se empezó a encontrar mal y cayó fulminado por un infarto.

-O sea, ¿tanto trabajar para eso? -dice Rufino- Murió con las botas puestas.

 -Sí, para acabar sobre un frío mármol, completamente solo. -dice Celedonio.

-Pero él vivió en la creencia de que obró como correspondía, consumiendo las horas en trabajar y trabajar, a cambio del dinero. -dice el cura.

El trance del último vínculo con el más allá

Generalmente en los entierros en sus diferentes etapas, suele haber manifestaciones de cierto nerviosismo, lo que da lugar al desahogo a través de los chistes. Ya que aunque se suele decir… "qué mierda de vida", "mejor estar muerto que vivo", "los muertos descansan"; etc. No pasan de ser manifestaciones, en los momentos de desesperación.

Por eso ese día, algo así se está produciendo en una sala del Mortuorio, donde se están viviendo escenas grotescas. Y aunque todo el mundo suele decir que sabe lo que es la muerte, en el fondo es algo que impone mucho a creyentes y no creyentes. Ante la incertidumbre de que como nadie ha vuelto para contarlo, ahí queda la duda. Lo que siembra la inquietud a lo desconocido.

El ambiente está tenso y aunque se trata de "quitar hierro" al asunto, contando chistes, la muerte anda pairando entre los presentes.
Presidiendo el centro de la sala está el ataúd de Silvana, casi engullido por las coronas de flores. Y la comidilla de conocer datos sobre la difunta, anda al orden del día. Pues es algo muy habitual en los entierros, cotillear sobre la vida del finado, mientras se completan las exequias. Vamos que es una manera de distraerse, mientras transcurre éste.

Por lo visto Silvana fue una mujer que tuvo una abundante vida sentimental, a pesar de haber sido una devota practicante. Vamos que no estaban reñidos para nada, la pasión con la religión, ya que era mujer de misa a diario.
Era muy conocida y numerosas eran sus amistades y conocidos. Destacando la gran presencia de hombres en proporción de mujeres.
Se comentaba, que a pesar de la gran cantidad de hombres con los que yació, jamás ejerció de meretriz. O sea, que no fue puta. Puesto que sufría de debilidad, el llamado furor uterino, de ahí su necesidad de comprarme su necesidad con varios.
Tenía fama de ser muy buena amante, motivo por el cual, era muy cortejada por los hombres, inclusive los casados, que aburridos de tener que soportar a sus aburridas esposas, recurrían a ella para salir del marasmo tedioso sexual con ellas.
Eso sí, aunque jamás cobró, si se dejaba halagar recibiendo caros regalos de sus amantes. Ya que siendo hombres pudientes, se sentían

en la obligación de retribuir esos buenos momentos compartidos con ella. Que les hacía soportar sus soporíferos matrimonios.

Sabedores de su gran religiosidad, les chocaba, que una mujer que yacía con varios hombres, inclusive casados; cómo serían sus momentos de arrepentimiento, junto a su confesor.
Dada la facilidad que debía tener para arrepentirse, cada vez que sucumbía a las debilidades carnales. Ya que esa situación, debía de ser una constante en su día a día, de pecar y confesar.
Pues es obvio, que en el confesionario, el sacerdote la debía tratar de…

-¿Silvana otra vez? -dice el cura.

-Padre, yo no tengo la culpa de sufrir estás tentaciones carnales.

-Ya, Silvana. -dice el cura- Pero debes mostrar perseverancia con evitar las tentaciones del diablo.

- Y no será porque no lo intente, padre. -dice Silvana- Pero el maligno es más fuerte y me vence.

Aparece el sacerdote encargado de las exequias y los presentes se arremolinan alrededor del féretro. Mostrando gran recogimiento con el momento, en señal de respeto y admiración por esa mujer.

Es de bien nacidos ser bien agradecidos. Por eso esa multitud de hombres, ahí están para rendirle ese último tributo.
Observándose, que entre las mujeres presentes, ese parecer no es de igual apreciación. Algo natural, sabedoras de que algunos de sus maridos, habían yacido con la difunta. Pero a su vez, eran conscientes que gracias a la finada, sus matrimonios habían sobrevivido.

Señal que hasta en el más allá, hay que estar agradecido expresando su reconocimiento de lo que hicieron en vida. Aunque no hayan sido un ejemplo a seguir, con su vida disoluta.

En una actitud totalmente respetuosa, sacan el ataúd de Silvana, para depositarlo en el "coche del último viaje". Que será el encargado de llevarla al cementerio, donde pasará a engrosar esa lista de innominados, que el paso del tiempo habrá diluido en el recuerdo.

Reverenciada por algunos hombres a su paso, los que tienen su queridísima esposa al lado, tratan de disimular, para que no se vayan delatar ante sus esposas, que en algún momento ellos también yacieron con la difunta que pasa delante suya ahora. En un ejemplo intachable de saber guardar las formas, para no poner en duda la reputación de la susodicha, ni la de las parientas que acompañan a sus maridos, donde se les supone libres de culpa. Y aunque algunos se deban de contenerse, en sus manifestaciones más efusivas. Al paso del cuerpo presente, ya que se sienten vigilados por sus devotas esposas, que ante la duda o no de sí sus esposos pecaron, les espían con el rabillo del ojo, por si alguno se acaba delatando sin querer.

El epitafio

Segismunda preside la sala central del Mortuorio, ya que al haber tenido una prole muy numerosa, la familia es muy amplia. Ya que la señora alcanzó la edad de 99 años. Lo que propició que su descendencia de hijos, nietos, bisnietos y hasta algún tataranieto, la conocieran en vida.

Pero la señora, siempre tuvo una fijación que era dejar hecho su epitafio, para que el día que viniese a fallecer no faltase que su pensamiento quedase impreso en la losa de su sepultura.

Con su cuerpo medio momificado por la edad, ahí estaba en el centro de la sala. Ya que daba la sensación, como si hubiese sido embalsamada. Aspecto que suelen presentar las personas que han tenido una larga vida. En que la fisiología de sus cuerpos, parece haber estado librando una batalla contra los años que cumplen. Que parecen acartonados a esa edad alcanzada.

La familia, sabedores de la fijación de la anciana por su epitafio, ya que vivía sacando el tema a la primera de cambio, preguntan los presentes por el dichoso epitafio. A lo que parece ser que nadie sabe nada sobre el mismo.

Lo cual está resultando muy extraño, ya que por lo visto, a nadie de la familia hizo el encargo. Va transcurriendo el tiempo y llega la hora de trasladarla al cementerio. Siguiendo todo el ritual de las exequias que conllevan. Sale el coche "del último viaje", que preside la comitiva de coches de la gran familia.

Una vez en el cementerio, se encuentran con que la sepultura de suelo está cubierta por una lona. Y continuando con el ritual, el sacerdote continúa ahumando con el incensario a los presentes, mientras va soltando las plegarias, ni que fuesen embutidos.

De repente, alguien interroga…

-¿Y el epitafio qué?

Un conocido de la familia de nombre Venancio, manifiesta a la familia que tenga tranquilidad, ya que él fue el elegido por Segismunda, para encargarse del cometido.

Parecen resoplar de alivio, ante sus tranquilizadoras palabras.

-¿Pero dónde está el epitafio? –dice el familiar

-Miren allí, bajo esa lona que cubre la sepultura de Segismunda, está el tan ansiado epitafio. –dice Venancio.

Se arremolinan alrededor de la sepultura, movidos por la curiosidad de la familia y conocidos, por el tan hablado epitafio. Expectantes, como si fuese el estreno de una película, dado el interés.

Acercándose Venancio para retirar la lona que cubre la sepultura, con unos espectadores ansiosos por leerlo. Y en un zas, la lona deja al descubierto el epitafio.

"Ahora que aquí yazco, dejaré para la posteridad mi parecer de la familia sobre mí. Pues sé que, con mi larga vida a más de uno le causaba inquietud, por haber vivido tanto.
Aunque algunos se lleven una decepción, siento decirles, que esa vieja que no veíais la hora de perder de vista, ha donado toda su fortuna, para instituciones benéficas.
Perder de vista por fin me habéis perdido, pero mi dinero que tan codiciado era, también.
Si alguno no está conforme, le espero aquí, para darle explicaciones".

Atónitos, se miran unos a los otros sin mediar palabra, perplejos por lo inesperado del epitafio. Donde quedaba de manifiesto que, la señora a pesar de su avanzada edad, era muy consciente de todo lo que pasaba a su alrededor. Como que la familia, gran parte de ella, no veía la hora de que se muriese. Además de por perderla de vista, para poder hincar el diente en su tan codiciada fortuna. Pero solo unos pocos fueron los privilegiados, a los cuales Segismunda sintió en vida, que su actitud hacia ella, nunca estuvo basado en la adulación interesada. De manera que a esos, si les asignó su parte correspondiente de herencia, que les hubiera correspondido, si se hubiese repartido su dinero entre todos.

Alguien exclama… ¡que cabrona!

La compañía del último vínculo

El día está gris y empieza a lloviznar, Rufino y Celedonio están en la puerta del Mortuorio, ya está siendo un día atípico, ya que, no llegan coches del "último viaje". Parece como si la meteorología, no invitase a entierros en ese día.

Sin inmutarse ya, pasa como de costumbre delante de ellos, Liborio. Señor al cual le falleció su esposa hace cinco años. Camino del cementerio, donde no falla y va con mucha asiduidad a hacer la visita a su señora.

Es algo que parece raro y no muy común en gente en su sano juicio, pero sin embargo es mucho más habitual de lo que se cree. Sea creyente o no, es algo inexplicable, pero es la necesidad que siente el vivo de que ese ser querido, aunque ya no se encuentra en el mundo de los vivos, le haga compañía en ese último vínculo que le queda.

Liborio cruza el soportal del cementerio, donde una espesa niebla le envuelve, haciéndole desaparecer engullido por ella. Y aunque no se ve un palmo de las narices, se sabe el camino de sobra, ya que son innumerables los viajes que ha hecho. Como guiado por un radar, da con la sepultura a pesar de estar medio escondida en un lugar recóndito. Al ser un lugar lúgubre, donde los rayos del Sol no llegan, el musgo crece de manera espontánea. Como si tratase de forrar la lápida, pero allí está el retrato esmaltado de Noelia, que a pesar de vérsela con el pelo encanecido se ve que fue una mujer de porte muy elegante.

Frente a ella se sitúa Liborio, sentado en una esquina de la sepultura. Y empieza ese monólogo con ella. Fuiste una esposa y madre ejemplar, que me apoyaste en los momentos tan difíciles que compartimos. Y aunque me veas llorar, no es más que por la emoción que me embarga de estar charlando contigo.

Hicimos muchos proyectos, como las demás parejas, pero el destino los sesgó. Pero me reconforta, la suerte que tuve de conocerte y los años felices que viví junto a ti. Pasamos momentos muy crudos en la crianza de nuestros cuatro hijos. Y con nostalgia recuerdo cuando en los fríos inviernos, nos cobijábamos bajo el mantón de nuestra mesa camilla, al calorcito del brasero, mientras nos comíamos las castañas asadas que traíamos del pueblo.

Ese mundo Noelia, que tú conociste, ya no existe. Las parejas de antaño, tener un hijo era motivo de dicha y alegría, mientras que hoy en día, solo piensan en ese mundo material, de pagar la hipoteca, tener coches, casa de campo y el barco recreativo. Y si se quedan esperando un hijo, es motivo de tristeza como si fuese una desgracia. Como si la vida se resumiese solo en follar, viajar y disfrutar. En detrimento de tener un hijo. Esas parejas se escudan en que son tiempos difíciles, como para pensar en tener un hijo. Pero créeme, que no es más que una excusa que se montan, para así justificarse, antes de reconocer su egoísmo. Ya que antes en las familias, normalmente solo trabajaba el cabeza de familia y ahora que generalmente trabajan ambos, dicen que no les llega lo que ganan, como para tener un hijo. Quizá porque creen que hay que vivir en la opulencia.

También es muy normal, a parejas que se han formado, cuando les preguntan cuántos hijos esperan tener; que te respondan que dos o tres. Pero claro eso es en base a la teoría, ya que en cuanto nace el primero, su planteamiento cambia con la práctica. Y si les vuelves a preguntar te dirán… ¡quita!, ¡quita! Con uno basta.

Y debido a retrasar todo lo posible si es que se plantean tener descendencia, vemos en las puertas de los colegios padres, que más bien parecen abuelos.

Nuestros abuelos y padres, tenían cuatro o más hijos y los sacaban adelante. Además de ser más felices, pues se desarrollaba el sentido de compartir y solidaridad entre hermanos. Cosa que con el hijo único, desarrollan un ser egoísta puro y duro, en que todo es para él. Pero claro, las parejas que quieren experimentar que es eso de ser padre, tienen uno y basta. Y así se justifican que ya han cumplido ante los demás y así mismos, con ese hijo único que se cría de manera egoísta, con todo tipo de lujos, pero robándole el sentido de compartir con un hermano. Por eso cuando el hijo les pregunta a los padres, que cuándo le iban a dar un hermanito, éstos se quedan con cara de póker.

Si se lo dices, te saltarán con la cantinela de siempre, de qué son tiempos difíciles. Así son las familias de ahora, unas sin ningún hijo por decisión propia y otras con uno. Así ves esas parejas aburridas paseando con los años encima, que no han sabido lo que es criar un hijo y por consecuencia, tampoco disfrutarán de los nietos. Pero ya es tarde para dar marcha atrás y padecerán las consecuencias ni más ni menos que de su propio egoísmo. De una vida que se resumió en disfrutar y gozar sin el estorbo de criar un hijo.

Y claro, no da, porque hay que pagar las hipotecas de la vivienda, vivienda en la playa, dos coches como mínimo, los viajes y llevar un tren de vida elevado.

Eso sí, les oirás muchas veces comentar su preocupación, por su pensión de jubilación. Y eso que pagan su plan de pensiones. Pero pararse a pensar, que si no hay natalidad, esa generación de relevo, no existirá. Les trae al pairo, en su cavernícola forma de pensar, supongo que pensarán, ya nos "sacarán las castañas del fuego", los hijos de los que los tuvieron. O sino, ya pintará el Gobierno los billetes, mientras.

Por eso, ahora me encuentro solo, ya que nuestros hijos se han ido de casa, por ley de vida. Y por lo que te he explicado tampoco tenemos nietos. Me sirve de reconforto, venir aquí hasta el cementerio y explayarme contigo y poder comentarte mis inquietudes.

Noelia, te seré sincero, no veo la hora de juntarme contigo otra vez. Pero es que la vida para mí, ya carece de sentido. Nuestros hijos, alguna vez me han preguntado papá, no tienes miedo de morirte. Y se han quedado sorprendidos con mi respuesta, al decirles que no, que ya no quiero vivir más, que ya he cumplido mi destino con la madre naturaleza. Que ahora ya solo necesito de esa paz que a todos nos llega con la muerte.

A ellos se les hace difícil digerir eso, pero es normal, ya que no entienden que la vida tiene distintas etapas y que la de ellos y la mía están en diferente dimensión. Por eso cuando les veo todos bulliciosos, con miles de planes por realizar, me recuerdan nuestros tiempos mozos.

Noelia, cuando eres joven, jamás te imaginas que llegarás a un momento de tu vida, que desearás que llegue el fin de la vida. Ya sé que a todos nos asusta lo desconocido, pero ahora que soy mayor, lo entiendo perfectamente que la muerte es esa etapa final necesaria, cuando ya has cumplido todos los tramos que te pone la vida.

Quizá, eso nos haga comprender los que se suicidan, cuando ya no ven más sentido a la vida y deciden ponerle un punto final.

Charlando contigo se me pasan las horas volando, pero créeme que me sienta muy bien y me da fuerzas para aguantar hasta que llegue ese día en que los dos, volvamos a estar juntitos como en los tiempos de antaño.

Fuiste comprensiva en vida y lo eres también ahora que estás en el más allá. Ya que estos ratos que vengo a estar contigo, son los que me dan fuerzas para continuar en el mundo de los vivos. Sé perfectamente que los que pasan por aquí al lado de la sepultura, pensarán que estoy chalado. Ya que no les entra en su entendimiento que un hombre le esté hablando a una tumba. Pero eso pasa mucho más de lo que la gente cree,

Son esos momentos de introversión en que un vivo y un muerto, sin encontrar la razón, tratan de prolongar ese vínculo que hubo en vida entre ambos. Comprendo que se le hace difícil de entender a los demás, pero es una necesidad que se mantiene en algunos, aunque estén en dimensiones diferentes.

Noelia, te hecho mucho de menos, sentir tus brazos que me rodeaban en los momentos de aflicción me causan mucha añoranza. Cuando mi mente empieza a fluir de los recuerdos vividos, de cuantas cosas compartidas, cuantas cosas vividas; etc.

El otro día unos conocidos que hacía años que no veíamos, me preguntaron por ti. Y yo les dije que ahora descansabas en un mundo mucho mejor, donde no hay que luchar a brazo partido por sobrevivir. Cuando les aclaré que habías muerto se quedaron atónitos, pues decían que me oían hablar de ti, como si siguieses viva. Pero claro, eso es algo que solo lo entiende el que continúa teniendo en su recuerdo a ese ser querido que partió para la eternidad. Quizá me estoy poniendo un poco sentimental ahora delante de ti, pero no lo puedo evitar, ya que nos quisimos mucho.

Liborio se pone afanosamente a frotar la foto esmaltada de Noelia, queriendo mantenerla lo más limpia posible. Como si con ese brillo irradiase vida.

Fíjate Noelia que día más gris tenemos con esta niebla tan intensa, que apenas nos permite ver más allá. Sin embargo para mí, crea un ambiente mágico, en medio de las ruinas de las sepulturas que hay a tu alrededor. Ya que esta es la parte antigua del cementerio, donde yacen muchos innominados, que el paso del tiempo ha dejado en el olvido. Donde muchos descendientes desconocerán que allí están sus ascendientes.

Me llama la atención observar sobre todo, las sepulturas que aún conservan las fotos esmaltadas que en su día pusieron aquellos seres queridos que quisieron perpetuar en el tiempo a sus fallecidos. Y la verdad es, que me impactan algunas, pues dan la sensación como si te estuviesen mirando, como les observas con atención. En medio de ese universo de niños, mayores y ancianos. Como testigos de un tiempo que ya pasó, pero que nos hace imaginarnos cómo fue la vida de esos que ya no están, intrigándote algunos, dando rienda suelta en nosotros preguntas que se quedarán sin respuesta.

Mira Noelia, esa niña que está cerca de ti, se la ve muy vivaracha con su aro agarrado por ella. Juguete con el cual seguramente dio muchas vueltas en su cintura. Por la edad que pone en la lápida, *1918 - + 1923, murió a la corta edad de cinco añitos. Y sus padres, sufriendo el dolor de su pérdida, quisieron dejar como testigo de los tiempos mejores en que vivió, esa foto esmaltada en que se la ve llena de vida.

También un poco más lejos, se aprecia otra foto esmaltada, con el rostro de una mujer, que indudablemente fue de singular belleza, con esa mirada, que parece como si te leyese el pensamiento. Como sabedora, de que la intriga de quién fue ella, ronda a todo aquel que la mira. Empero, a pesar de conservarse la foto esmaltada, cualquier resto de su nombre y fechas de nacimiento o fallecimiento, han sido borrados por el paso del tiempo, en su sepultura derruida por el tiempo.

Todos estos que te rodean se perpetúan en el tiempo al igual que tú. Dejando que cada cual, al ver vuestros retratos, deje volar su imaginación sobre quien fue cada cual, que hizo, como sería su vida y de qué vino a fallecer.

La de historias de amor y tragedia, que habrán vivido. Los epitafios son la manifestación que quisieron dejar, sobre su forma de vida o de pensar. En ellos puedes leer los suicidios, que cometieron por desamor, en tiempos de puro romanticismo. Algo que seguramente no entenderán, aquellos que lo lean hoy en día; que seguramente pensarán hay que ver que idiotas eran. Ya que todo hay que circunscribir lo a la época en que sucedió.

Otros dejan reflejado, el dolor que sintieron por la pérdida de un hijo o un ser querido. Otros la tragedia padecida por las circunstancias de la vida, que en su desesperación, les llevó a poner un punto final a sus vidas.

Sé que todo esto, resultará un anacronismo para muchos, incapaces de tener la sensibilidad para comprenderlo. Ya que viven en su mundo material, donde no hay sitio para esas pequeñeces. Cual zote que sólo valora la vida por el, "tanto tienes, tanto vales". Pero qué se les va a pedir, cuando su vida ha transcurrido a base de supercherías.

En esto consiste la existencia del ser humano, Noelia. En todo el mundo creer que está en la posesión de la verdad. Cuando la pura realidad es, que están en posesión de su verdad, nada más que de su verdad. De modo que aunque los tiempos cambian, las formas básicas permanecen en el criterio de que todos creen o por lo menos intentan hacernos creer, que ellos supieron llevar su vida de la manera correcta.

Miro alrededor y contemplo las manifestaciones que han dejado grabadas, aquellos que perdieron a sus seres queridos. Llamándome especialmente la atención una que pone…

"Mi querida Vicenta: Te dedico esta triste piedra, en agradecimiento a tanta felicidad como me distes, y que sin ti, solamente tristeza y dolor ha quedado. Y en recuerdo a tu gran corazón como madre y mujer, descansa en paz y que el señor nos reúna en el cielo, nunca podré olvidarte".

Identifica exactamente lo que me pasa contigo, lo cual me ha conmovido, cuanta hermosura plasmada en unas palabras que describen el dolor por la pérdida del ser querido. Aunque me veas lágrimas en los ojos, es por la añoranza que me produce rememorar los momentos vividos.

Soy consciente que con el paso del tiempo, todo esto cae en el olvido, puesto que los que en su día lo plasmaron, ya no están. Pero ha quedado como impertérrito testigo en el tiempo, para que otros que pasan lo lean y les haga reflexionar sobre el auténtico sentido de la vida.

Ya que estas manifestaciones tan bellas, llenas de sensibilidad y ternura, nos hacen ver, como en muchos momentos, dejamos pasar inadvertidamente, cosas que nos parecieron nimias en su momento.

Aquí, indistintamente de que seas creyente o no, a todos aquellos que veas frente a una sepultura, en la que parecen dialogar con el muerto, lo único que están conservando es el recuerdo del último vínculo.

Sin embargo, otros pasarán en el tiempo, por delante de esas manifestaciones y aunque quizá el que las lea, las vea como fuera del contexto del tiempo, les quedará hacer suposiciones de lo que sentía el que las escribió. Que han quedado ahí, para ser leídas por miles de personas, que sin querer, en un momento determinado pasarán por delante y se fijarán en ellas. Y como la imaginación es libre, cada cual dará rienda suelta a sus pensamientos, estableciendo el criterio más acorde a su persona.

Mientras venía hacia aquí Noelia, me estuve fijando en la parte antigua del cementerio, donde el estado de abandono y ruinoso es patente. Pues como es obvio, todos esos que yacen ahí, sus descendientes muchos de ellos por desidia o desconocimiento, ni siquiera saben que ahí están sus ascendientes. Pero tiene una explicación fácil, el tiempo lo borra todo, hasta a aquellos que fallecieron y fueron muy queridos por nosotros. De ahí que haya esa cantidad ingente de innominados, cuyas sepulturas, algunas solo guardan un leve resquicio, con parte de su nombre, parte de su fecha de defunción o parte de su foto carcomida por el tiempo. Ese lugar en que reposan el eterno descanso, es la última referencia de una persona, que tuvo una vida, llena de vicisitudes, tragedias, amores, como la vida misma. Con la incógnita de quienes son.

En mis visitas contigo, caminando el otro día, me encontré con Marisa, aquella mujer que fue miss hace muchos años. Me impactó mucho al verla, ya que estaba muy envejecida, con su rostro con un aspecto totalmente acartonado. Lo que me impactó de verdad, verla en tal grado de deterioro. Nunca tuvimos trato con ella, pero sí de haberla visto en muchas ocasiones en las revistas del corazón. Y como es obvio, en las revistas, siempre suelen poner las fotos en que mejor salen, esas mujeres que se dedicaron al mundo de la belleza. No me atreví a interpelarla, por falta de confianza, pero pude comprobar, que reproducía exactamente la misma escena que nosotros cuando nos vemos. Miraba fijamente hacia la sepultura en la que se podía leer un nombre de hombre y la fecha de fallecimiento. Lo que me hace suponer que debía de ser su marido.

Se la notaba meditativa, como si le estuviese contándole sus inquietudes. Me dio mucha pena, al comprobar como el paso de los años nos estropea a todos, aunque si has sido una belleza exultante, mucho más.

Muchas veces tengo la sensación de que en esas visitas que hacemos a los cementerios cada vez más frecuentes, cuando ya estamos entrados en años es, como una mentalización al destino inexorable que nos espera. De que de ahí, nadie se escapará y tarde o temprano, nos llegará nuestra hora final. Algo que a mucha gente le cuesta asumir, inclusive les da mal fario, todo lo relativo a la muerte. Como si el no hablar de ello, les vaya a proteger de "la pelona".

Noelia, las horas se me han pasado sin darme cuenta y la noche se va a echar encima, por eso me tengo que marchar antes de que cierre el cementerio. No porque no quisiera seguir aquí contigo, sino por no preocupar a nuestros hijos, por mi ausencia en casa. Ya que suelo recogerme pronto. Un beso mi amor, hasta la próxima.

Diario de un Muerto

A día de hoy, aquí me hallo en el centro del mortuorio, pues como a todos, me ha llegado mi hora. Dentro de un rato, empezarán a desfilar los familiares y conocidos. Algunos vendrán por señal de afecto, otros vendrán obligados por quedar bien a los ojos de los demás. Vamos lo que se llama venir por cumplir.

En la quietud y silencio, con los brazos cruzados sobre el pecho aguardo la llegada de los que me vendrán a ver. Pues es obvio que algunos expresarán un verdadero pesar, mientras que otros ocultarán su alegría, pues todos tenemos más o menos algún enemigo en la vida.

Me he ido de este mundo a la edad de 55 años, o sea, aún no me había jubilado, por lo tanto no había adquirido la honorable edad de lo que se dice anciano cuando te jubilas. Aunque me puedo considerar afortunado, pues mientras otros padecen lo que se llama una larga enfermedad, llena de angustias y dolores; yo por el contrario he caído fulminado por un infarto de miocardio. Vamos lo que se dice, me quedé tieso en el acto, por lo tanto no me dio tiempo siquiera de darme cuenta que me moría, con lo cual no sufrí.

Desde este punto de observación podré contemplar el rostro de los presentes y seguro que sin duda, alguno me sorprenderá. Ya que aunque creemos que sabemos cómo respira cada cual, siempre te llevas alguna sorpresa con alguno.

Impactante, Florián, que en vida me tenía una envidia y odio terrible, se muestra con cara apenada y compungido, delante de los presentes. Menudo hipócrita, un teatrero, que hace todo eso por quedar bien a los ojos de los demás. Seguro que para sus adentros estará pensando, menos mal que se fue de este mundo, ese hijo puta de Godofredo. Aunque es consciente que tiene que disimular muy bien, ante los presentes, como que se siente muy afectado por mi pérdida. Lo que hay que ver, menos mal que desde mi posición privilegiada yo les puedo ver y ellos a mí, no.

Veo a mi esposa y mis hijos afectados de verdad, cosa que por lo menos se agradece, ya que es señal de que debí de ser un buen esposo y padre. Quizá porque en vida, siempre fui una persona bastante tolerante y equitativa, que llevó el lema de vive y dejar vivir. Algo que aunque parezca raro, muchas veces la envidia supedita, haciéndonos unos seres egoístas que por desgracia preferimos ver la desgracia ajena, antes que el éxito de los demás.

Como no podía faltar, mi suegra, mujer conservadora de ideas antiguas, va vestida de riguroso luto, toda de negro, que hasta recuerda a la viuda negra. Ella que para su época fue una mujer muy devota del casarse, ya que enviudó dos veces, enterrando primero a Ataúlfo y volviendo a contraer segundas nupcias con Cosme. Cosa que siempre fue guasa en la familia, de que después de fallecer su segundo marido, no se le conoció santo varón. Ya sabes, será por el dicho, coge fama y échate a dormir. Probablemente si hubo algún pretendiente posterior, al informarse de que era viuda por dos veces, echaron a correr. Pues todo hay que decirlo, que Severa, mi suegra, era una mujer que a pesar de su edad, estaba de buen ver.

El primer marido, Ataúlfo, al que tuve el placer de conocer, era hombre muy comedido, muy discreto, al cual mi suegra muchas veces hacía el comentario entre los familiares, de que la desesperaba. Ya que era capaz de pasarse el día sin hablar, que hasta hacía dudar a los que no le conocían, si no era mudo. Ya que llegaba de trabajar y después de almorzar, se sentaba en su butacón en la sala delante del televisor. Y el único ruido que se le podía oír era de cuando roncaba. Cosa que desesperaba a mi suegra, ya que ella mujer como las de antes, de sus labores, quería tener charla. Y con Cosme, aunque era parlanchín, era más hombre de bar. O sea, que llegaba de trabajar, almorzaba y se iba a echar la partida al bar con los amigos. Solo volviendo a la hora del yantar, vamos y para meterse en la cama. Único momento de roce con mi suegra, pues por lo visto, era hombre muy fogoso, de cumplir todos los días, cosa que la tenía a la pobre mujer hartita.

Empiezan a acercarse a mi féretro, algunos conocidos y compañeros de trabajo. Y les oigo cuchichear en voz baja, sobre mi persona, donde como es obvio tengo detractores y admiradores. E inclusive me llevo alguna sorpresa con alguno, ya que tenía una opinión muy equivocada. De esos que se lo tenían muy calladito y ahora que estoy muerto, empieza a soltar lindezas por esa boca sobre mí. Será cabrón, que engañado me tenía, lo consideraba un amigo y al final mira, un repugnante hipócrita.

Se acercan a firmar en el libro de condolencias, en el cual, algunos dejarán su testimonio, por un real afecto, mientras que otros lo harán solo por el que dirán y que no puedan reprocharle que no manifestó su duelo. Si lees lo que dejan por escrito en él, hasta parece que son manifestaciones cursis y jocosas. Ya se sabe, lo de siempre, "amigo mío que sepas que no te olvido", "nunca te olvidaremos compañero de trabajo", "fuiste la mejor persona que conocí", "llevaré el dolor eternamente por ti"; etc.

Acabada la pantomima de firmar en el libro de condolencias, se van arrimando cada vez más al ataúd, ya que no sé quién habrá sido el iluminado de la familia, que me escogió uno con ventanuco. Quizá se acercan tanto, no por sentir mucho afecto, sino por la curiosidad de verle el rostro "al fiambre". Cualquiera que asista y sea ajeno a mi persona, sentirá la impresión como si se fueran a "merendar al muerto". Y yo me digo, algunos hacía años que no me veían y ahora acuden aquí tan solícitos

Empiezo a comprobar que ya se van impacientando algunos, con la demora, ya que en el fondo no ven la hora de que acabe ese suplicio. Pues aunque tratan de disimular, su voluntad de que acabe cuanto antes, la impaciencia se refleja en su rostro.

Por fin llegan los encargados de meterme en el coche "del último viaje", notándose un cierto alivio entre algunos de los presentes. Y como es obvio, parecen pelearse por asirse al ataúd. Será por aquello de que quieren quedar bien para la posteridad y salir bien en la foto.

Es tal la cantidad de coronas de flores, que después de meter los empleados el ataúd, hubo que agregar un soporte para llevarlas hasta el cementerio. Ya se sabe, con esas bandas tan al uso, que ponen…"Qué Dios te tenga en su gloria", "Solo los buenos acaban junto a Dios", "Tus amigos no te olvidan", "Recuerdo de tus compañeros de empresa", "Siempre estarás en el recuerdo"; etc.

Tiene guasa la cosa, que yo siendo ateo, me han buscado un ataúd con un crucifijo y tenga todas esas loas sobre Dios. Pero ya se sabe, seguro que se les ha pasado por alto ese detalle. Algo normal, como me morí de repente, no me dio tiempo de aclararles que no quería cualquier simbología religiosa. Pero en fin, qué más dará eso ahora.

Echa a andar la comitiva camino del cementerio de San Isidro, que por cierto es bastante numerosa la procesión de coches. Es lo que tiene ser de una familia prolífica, que por número de asistentes no va a quedar. Mientras se realiza el trayecto, desde el Mortuorio del barrio de Salamanca – Madrid, voy fijándome en el recorrido que veré por última vez, recordando a su paso, todos aquellos sitios que hicieron parte de mi vida cotidiana. Anda fíjate, la plaza de toros de Ventas, la de tardes que pasé allí en mi localidad de barrera-sombra. Continúa el trayecto y diviso la Quinta de la Fuente del Berro, los recuerdos de los merenderos que había allí en mis tiempos de joven. Seguimos por la calle O'Donnell, hasta alcanzar el parque de El Retiro, cuantos paseos me di por él y la de veces que navegué en las barquitas en su estanque. Allí está mi puerta de Alcalá majestuosa como siempre, por la cual seguimos hasta alcanzar la plaza de Cibeles, girando nos incorporamos al Paseo del Prado al que vamos dejando atrás hasta alcanzar la Estación de Atocha. Qué recuerdos de antaño, con aquellos interminables trayectos en tren en los que podía pasar de todo. Proseguimos el trayecto hasta alcanzar la plaza de Legazpi en el barrio de Chopera, Continuamos por la orilla del río Manzanares hasta cruzar por el puente de San Isidro y girar a la izquierda para incorporarnos al Paseo de la Ermita del Santo por el cual vamos bordeando el cementerio hasta alcanzar la puerta angosta por la cual entramos para llegar hasta la sepultura.

Recuerdo el día que fui a la calle Águila, para arreglar el papeleo de la sepultura, para el día que viniese a fallecer, dejarlo todo arreglado. No fuese a pasar eso que tantas veces se suele decir, "dejarle el muerto" a la familia. La secretaria me estuvo explicando que estaba situada en lugar preferente y la verdad es que si, ya que estaba cerca como a 50 metros de donde se deja el coche.

Con bastante costo, se consiguen aparcar todos los coches de la comitiva, ya que es un cementerio antiguo y no está hecho para soportar tamaña procesión de coches. El cementerio de San Isidro, es el más antiguo de Madrid, data de 1811 y allí descansan el sueño eterno muchísimos personajes de la historia de España. Como Diego de León, Emilio Castelar, Francisco Silvela, Antonio Maura, José Ortega y Gasset, Consuelo Bello (La Fornarina), Concha Piquer; etc.

Resulta una incongruencia, que yo siendo ateo, me entierren en la sacramental de San Isidro, pero fue mi voluntad expresa, ya que quise ser enterrado con mis tatarabuelos. Una sepultura que solo fue usada por ellos, ya que ni su hijo, su nieto, su bisnieta no hicieron uso de ella.

Muchos se preguntarán, por qué ahí, pues porque aunque ateo, siempre encontré interesante que haya un punto de último vínculo, donde futuros descendientes puedan sentir la curiosidad de ir hasta allí. Al igual que me pasó a mí en vida, que con motivo de sentir curiosidad de saber de mis orígenes, sentí un gran curiosidad de ir pudiendo completar ese rompecabezas, gracias a las sepulturas de los familiares que encontré.

Fui un hombre, al que la familia encontraba extraño ese interés mío por visitar cementerios donde yacen mis ascendientes. Cuando lo normal es, que la mayoría de las personas, cuando entierran a un ser querido o no querido, se olvidan del asunto. O como mucho, se limitan a realizar la visita de rigor del día de difuntos. Cosa que también se va perdiendo cada vez más esa costumbre.

Descienden el ataúd, "del coche del último viaje", removiendo los empleados del cementerio con una ganzúa la pesada losa que lleva más de un siglo sin remover. Y empiezan a realizar el trabajo artesano de meter las cuerdas bajo el ataúd, para descenderlo. Como es una sepultura antigua, tiene un tamaño más reducido. De forma que el ataúd debe medir menos de dos metros.

Expectantes los presentes observan al remover la losa, la arena que lleva más de cien años sin removerse, posando el mío y cubriendo otra vez la sepultura con la losa.

En vida, se pasan muchas personas haciendo dieta de por vida, para estar delgados. Ves, la ventaja del cementerio es, que todos estamos delgaditos y por un igual. Habiendo dejado atrás esas preocupaciones mundanas, de cuando vivo.

Yo ahora me mantendré aquí impertérrito, viendo ese eterno desfilar de los que vienen a los entierros, desde mi sepultura con vistas privilegiadas y soleada.

El necroturismo

En unos tiempos en que el oscurantismo sobre todo lo relativo a la muerte se ha ido desvaneciendo, se ha puesto de moda el necroturismo.

Antiguamente, los cementerios solo eran objeto de culto el día de difuntos, por lo tanto solo se acudía a ellos fuera de ellos para cumplir con las exequias de los enterramientos. Por lo tanto se tenía una visión de un sitio lúgubre a evitar.

Por suerte las luces de la cultura se han ido ampliando sobre ese oscurantismo del pasado y hoy en día es completamente normal acudir a contemplar la belleza de los cementerios. Pues muchos de ellos albergan auténticas obras de arte, que dejan embelesado a más de uno.

Pues quitándole esa imagen de morbosidad, cuanta delicadeza y hermosura encontramos en los recuerdos plasmados hacia los que ya partieron. Cosa que cualquier persona con un mínimo de sensibilidad sabrá apreciar.

Prueba de la extensión de total normalidad de que se ha ido consolidando es, que hay una Ruta Europea de los Cementerios. Lo que indica que es un fenómeno internacional, no circunscrito a una religión determinada. Asumiéndose que el necroturismo es un turismo cultural, que nos muestras curiosidades y leyendas de todos los rincones del planeta.

Y la prueba del auge de esta modalidad es, que las visitas guiadas que organizan los cementerios, bien sean gratuitas o de pago, enseguida se agotan, Habiendo listas de espera bien numerosas por si alguien que se apuntó, falla a la visita. Lo que denota el gran interés que hay por todo lo relativo a ese mundo mortuorio.

Las ciudades de Paris, Londres y Praga son las más populares en ese tipo de visitas. Pero hay muchísimos más, ya que constituyen auténticos museos al aire libre. Que albergan el reposo eterno de numerosas personalidades famosas. El de Père-Lachaise en Paris es uno de los más visitados del mundo. Allí están entre otros, Edith Piaf, Jim Morrison, María Calas, Chopin, Oscar Wilde; etc.

En Italia tenemos el de Staglieno en Génova, considerado el más bonito del mundo, donde las lápidas están veladas por ángeles y bellas mujeres, decoradas con tallas muy delicadas.

En Londres, tenemos al Highgate, verdadera joya de la arquitectura victoriana, allí están enterrados, Karl Marx y Michel Faraday, que recibe muchísimas visitas. Y el cementerio judío de Praga, es uno de los sitios más populares de la capital de dicho país, empezó a usarse en el siglo XV hasta 1787, puesto que con una capacidad de 12.000 lápidas, alberga a 100.000 cuerpos. Ya que conforme a la religión judía, está prohibido destruir sepulturas. Por lo tanto fueron interponiendo capas de arena superponiendo unos sobre otros. También es destacable el cementerio de Arlington en los EEUU, que alberga a todos sus fallecidos en todas las guerras desde la guerra de la secesión.

San Petersburgo en Rusia, cuenta con uno de los cementerios más famosos del mundo, el de Tikchvin. Es conocido como el cementerio de los artistas, Fyodor Dostoyevsky, Alexander Borodin, Nikoli Rimsky-Korsakov, Antón Rubistein, Tchaikovsky, Mussorgsky, Leonhard Euler; etc. Y muchos más artistas y científicos.

El cementerio más grande de España es el de la Almudena, inaugurado en 1884. Su construcción al igual que otros de la capital, fue con motivo de dejar de enterrar a los muertos en las iglesias. Ya que durante las homilías, los creyentes tenían que soportar el tremendo hedor a muerto. Carlos III quiso trasladar los cementerios a las afueras de la capital, pero chocó con los intereses de la iglesia. A comienzo del siglo XIX, con José Bonaparte en el poder, se comienzan a construir los primeros cementerios extramuros. Según una Real Orden, ningún cementerio podía situar ningún cementerio en la orilla izquierda del río Manzanares.

El cementerio de la Almudena, tiene el honor de poder ser llamado la "ciudad de los muertos", pues hay más de 5.000.000 enterrados en él. O sea, más que vivos en la ciudad de Madrid.

Es una auténtico escaparate de la historia de España, donde se puede hacer un recorrido a través de ella, con innumerables personalidades, como Pío Baroja, Enrique Tierno Galván, Lola Flores, Santiago Ramón y Cajal, Dolores Ibárruri, Vicente Aleixandre, Estrellita Castro, Di Stefano, Benito Pérez Galdós; etc. Una lista increíble de personalidades famosas que reposan en sus 120 hectáreas.

Siendo uno de los más grandes de Europa, hasta tiene varias paradas de autobús urbano en su interior.

El cementerio de Montjuic, "cementerio de los judíos", por haber allí en la edad media un cementerio hebreo. Fue fundado como tal en 1863, con una capacidad aproximada de 125.000 sepulturas repartidas en 56 hectáreas. Entre sus personalidades más famosas se encuentran, Lluis Companys, Buenaventura Durruti, Isaac Albéniz, Francesc Maciá, Joan Miró, etc.

Es obvio, que la pérdida de fervor religioso y el oscurantismo de la ignorancia, han ido abriendo paso a no ver a los cementerios como lugares tétricos a evitar. Al fin, si es allí donde descansan el sueño eterno nuestros seres, no hay por qué tener miedo, sino más bien temer a los vivos, que si nos pueden hacer daño de verdad.

Epílogo

En este pequeño resumen que se ha hecho de las vicisitudes que se pueden vivir en un mortuorio, nos sirve para reflexionar sobre el fin intrínseco de la vida. De que todos cuando acudimos a algún mortuorio, en mayor o menor medida nos ponemos reflexivos, de en qué se resume la existencia.

Nacemos, crecemos, nos reproducimos (algunos, ya que la natalidad está a la baja), peleamos por ser dueños de algo, para al final tener ese final común, morir.

Por eso cuando estamos delante del ataúd, nos pasa por la mente, ¿tanto luchar para esto? Pero así es el ser humano, como animal de costumbres que es, se cree original y único, cuando al fin no hace más que hacer lo que hacen los demás.

Pero lo mejor de todo es, que ese periodo de abducción solo nos dura hasta que echan el cemento para sellar la sepultura. O sea, tan pronto se ha cubierto el trámite, volvemos otra vez a la rutina de siempre. Al fin lo bueno que tiene el ser humano es, que a él, no le va a pasar eso que le ha sucedido al que acaban de enterrar.

Por lo tanto, como la vida continúa y tiene la garantía de que él, si tendrá una vida muy dilatada, para poder disfrutar de todo lo que amasó durante su vida, vamos que solo se muere el vecino. Saldrá con ese pensamiento, hasta el próximo entierro.

Algunos te dirán, es que no puedes pensar que te vas a morir, sino no vivirías. Y tienen razón, mejor vivir en un estanque de colores, donde todo lo que no pasará será bueno.

De ahí que se produzcan esos impactos, cuando nos enteramos que alguien conocido o famoso se ha muerto. Nos sorprende, porque en el fondo, nunca estamos preparados para el fin inexorable que a todos nos pasará. Ya que vivimos en esa burbuja hipnótica, de la cual solo despertamos, cuando nos toca de cerca. Ya que es muy manida esa afirmación, sé que me voy a morir o sé lo que es la muerte.

¿Cómo va a saber eso si jamás se ha muerto? Y los que han muerto, ninguno ha venido para contarlo. Lo cual demuestra una vez más, las chorradas que decimos a veces, como forma de salir del paso.

Si de verdad tuviésemos una real conciencia, estoy seguro que el replanteamiento de la vida, cambiaría por completo. Y prueba de ello son, aquellos que han estado en un tris de ver asomar a "la Parca", que cuando se recuperan, cambian totalmente su enfoque de la vida.

Señores, de una cosa podemos estar todos seguros, que por el mortuorio pasaremos y enterrados seremos. Salvo aquellos que después de ser incinerados en el crematorio, sus familiares se lleven su urna para casa.

Madrid, 12 de Septiembre 2019

A. Toledano de Diego

Mi vida ha transcurrido entre dos continentes. Europa y América. Madrid (España) y Río de Janeiro (Brasil). Fruto de la emigración de mis padres, habiendo vivido parte de mi infancia y adolescencia allí. Siento un enorme orgullo de expresarme en este maravilloso idioma, llamado español. Ya que es un atesoramiento que llevamos todos aquellos que nos expresamos en él. Frente a la pujanza del inglés, cada día tiene más adeptos, que sienten interés por aprenderlo. Presente en los cuatro continentes, el mantenerlo vivo y fuerte, es cosa que se corrobora, en que cada día hay mayor número de hablantes de español en el mundo. Aumentando cada día más su difusión.

Quiero dejar un matiz, me apena y mucho, cuando veo que hay hispanoparlantes de los EEUU, que se sienten ciudadanos de segunda categoría. Y al sentirse avergonzados y acomplejados, tratan de erradicar de su familia cualquier vestigio que los identifique. Por eso se ven casos, en que los padres hablan en español a sus hijos, éstos les entienden, pero les responden en inglés. Ya que éstos en su casa no han aprendido a hablarlo con sus padres. Como en un intento de desterrar cuanto antes cualquier vestigio de que son hispanos. En lugar de sentirse orgullosos de pertenecer a la cultura universal del idioma español, con exponentes mundialmente famosos, como Miguel de Cervantes, con su obra Don Quijote; etc.

Siempre sentí interés por escribir, como forma de plasmar mis pensamientos. Pero por diferentes avatares de la vida, lo fui posponiendo, hasta que llegó el momento de hacerlo y así dar rienda suelta a mis ideas, dejándolas escritas.

El autor

"Dicen que el leer es una forma de luchar contra el embrutecimiento humano".